本书得到如下课题(基金)的资助和支持：
国家自然科学基金重点课题(No：71333010)
上海市政府咨询课题(No：2003-A-04-A)
上海市科委重点课题(No：2016-A-77)
上海市政府重点课题(No：2011-GZ-16)
上海市科委重点课题(No：066921082)
上海交通大学安泰经济与管理学院出版基金

大都市服务业发展研究

范纯增　著

上海财经大学出版社

图书在版编目(CIP)数据

大都市服务业发展研究/范纯增著. --上海：上海财经大学出版社，2022.7
ISBN 978-7-5642-3351-8/F·3351

Ⅰ.①大… Ⅱ.①范… Ⅲ.①大都市－服务业－经济发展－研究－中国 Ⅳ.①F726.9

中国版本图书馆 CIP 数据核字(2019)第 173990 号

□ 责任编辑　刘光本
□ 责编电邮　lgb55@126.com
□ 责编电话　021－65904890
□ 封面设计　张克瑶

大都市服务业发展研究

范纯增　著

上海财经大学出版社出版发行
(上海市中山北一路 369 号　邮编 200083)
网　　址：http://www.sufep.com
电子邮箱：webmaster@sufep.com
全国新华书店经销
江苏凤凰数码印务有限公司印刷装订
2022 年 7 月第 1 版　2022 年 7 月第 1 次印刷

710mm×1000mm　1/16　12.75印张(插页:2)　131千字
定价：69.00 元

内容提要

  本书在梳理服务业发展的相关理论、归纳大都市服务业发展的一般战略、总结海外国际大都市发展的基本经验的基础上，分析了上海服务业发展的现状及问题，提出了上海发展服务业的战略构想。本书可做为区域经济、产业经济领域高校师生及相关研究者、管理人员和实践者的参考用书。

目 录

第一章 绪论 …………………………………… 1

    一、研究主题 / 1

    二、国内外研究现状 / 19

    三、研究方法、基本框架与创新之处 / 31

第二章 服务业发展的竞争力理论 …………………………………… 33

  第一节　竞争优势理论 / 33

    一、国家竞争优势理论 / 33

    二、企业竞争优势理论 / 43

  第二节　竞争力的场理论 / 47

    一、产业竞争场的概念 / 47

    二、产业位势与产业竞争力 / 51

    三、服务业强弱势地位的转化机制 / 56

  小结 / 62

第三章 大都市服务业发展的一般战略分析 …………………………………… 63

  第一节　大都市服务业发展的总体思路 / 63

    一、大都市服务业发展的一般思路 / 63

    二、大都市服务业发展的战略选择原则 / 66

第二节 大都市服务业发展的基本战略 / 68

一、环境战略 / 69

二、产业要素战略 / 75

三、组织战略 / 78

小结 / 85

第四章 上海服务业发展的现状及问题 ……………………… 87

第一节 上海服务业发展的现状 / 87

一、上海服务业发展的一般情况 / 87

二、上海服务业发展的国内比较 / 92

三、上海服务业发展的国际比较 / 104

第二节 上海服务业发展中存在的问题 / 119

一、服务业投资效率下滑 / 119

二、服务业布局不合理 / 119

三、政策体制的限制 / 124

四、商务成本的压力 / 129

第三节 上海服务业发展的有利条件 / 131

一、FDI 的有力推动 / 131

二、后发优势 / 135

三、政府的支持 / 136

四、良好的区位和发展机遇 / 139

小结 / 142

第五章　上海服务业发展的战略构想 …………………………… 144

第一节　上海服务业发展的战略思路 / 145

一、未来服务业发展的重点产业选择 / 145

二、未来服务业发展的空间布局 / 148

第二节　上海服务业发展的政策措施 / 154

一、高层次定位、非均衡发展 / 154

二、重视高级要素再造和要素结构高级化 / 156

三、加强法制化建设和民营服务业发展 / 159

四、构筑服务业与制造业的融合与互动机制 / 161

五、提升城市整体形象,创建国际服务品牌 / 164

六、推动以上海为核心的垂直分工体系建设 / 169

七、培育大型服务型跨国公司,拓展大都市网络 / 170

八、优化服务环境,丰富服务种类和内容,提高服务质量 / 172

九、加强与跨国公司的战略合作 / 174

小结 / 176

参考文献 …………………………………………………………… 177

第一章

绪　　论

一、研究主题

(一) 问题的提出

1. 世界范围内,服务业对国民经济的作用日益加强

(1) 服务业成为国民经济增长的主要来源

20世纪90年代以来,全球服务经济发展十分迅速。据统计,西方发达国家服务业的产值占其GDP的60%～80%,中等发达国家占其GDP的50%～70%,许多发展中国家也占其GDP的50%以上[1]。

---

[1] https://data.wto.org.

进入20世纪90年代,美国经济走向服务化的步伐不断加快[1],对国民经济发展的贡献也不断增强。1998年美国服务业收入已经超出制造业收入的350%;2002年美国来自服务贸易的顺差达770.4亿美元,为1985年2.9亿美元的265.66倍[2];2016年美国的服务业产值占其GDP的比重高达77%[3]。

(2) 迅速发展的服务业成为各国吸纳就业的有力"武器"

1880年美国服务业劳动力人数占总劳动力人数的比重仅为27.2%,20世纪30年代这一比例开始超过50%,1960年这一比例上升为61.1%。[4] 进入21世纪,随着服务业的迅速发展,美国服务业吸纳的就业人数进一步增加。2001年美国服务业吸纳的就业人数占总就业人数的比重达到75.1%[5],2010年高达91.1%[6]。

(3) 生产性服务业在生产过程中发挥着越来越重要的作用

生产性服务业"是指市场化的非最终消费服务,即作为其他产品或服务生产的中间投入的服务"[7]。随着现代经济的发展,人类生产的分工与专业化程度日益提高,生产各部门之间的联系更加密切。在此过程中,生产性服务业将"日益专业化的人力资本

---

[1] Michael Blaine. Trade, FDI, and the Dollar: Explaining the U.S. Trade Deficit[J]. *Sloan Management Review*, 1996, 38(1): 81-101.

[2] https://www.commerce.gov.

[3] https://data.wto.org.

[4] 陈军,林瑜璟.美国服务业发展开放的现状与经验启示[J].黑龙江社会科学,2019(3):70-76.

[5] OECD. National Accounts of OECD Countries [R]. https://hvtc.edu.vn/Portals/0/files/63576625622998100000115031e.pdf.

[6] https://www.bea.gov.

[7] 郑吉昌.生产性服务业的发展与分工的深化[J].管理评论,2005(5):30-32.

和知识资本"引入生产领域,"为劳动与物质资本带来更高的生产率并改进了商品与其他服务的质量"[①],推动了各生产部门的发展。

2. 中国服务业发展相对落后

改革开放以来,我国服务业获得了很大的发展。2018年我国服务业对GDP增长的贡献率接近60%[②]。尽管如此,与西方发达国家相比,我国服务业发展仍然较为落后。

首先,我国服务业增加值相对较低。2001年世界中低收入国家服务业增加值占GDP的比重为55.5%,高收入国家为70.7%,世界平均水平为67.7%;2002年世界低收入国家服务业增加值占GDP的比重为45.7%,中等收入国家为57%,中高收入国家为59.8%,而我国2002年服务业增加值占GDP的比重仅为33.5%[③]。2010年后尽管我国服务业增加值占GDP的比重不断提高,2018年达到57.3%[④],但仍然没有达到2001年的世界平均水平,更没有达到2001年高收入国家的水平,甚至没有达到2002年中高收入国家的水平。

其次,我国服务业结构层次较低。从增加值结构来看,我国服务业中传统的批发零售餐饮服务、交通运输服务仍占主导地位,而金融保险、卫生体育和社会福利业、教育文化艺术和广播电

[①] 俞梅珍.服务业与当代国际竞争[M].北京:中国物资出版社,2002:28-32.
[②] 熊丽.服务业对增长的贡献率稳步提升[N].经济日报,2019-05-18.
[③] https://databank.worldbank.org/source/world-development-indicators.
[④] 熊丽.服务业对增长的贡献率稳步提升[N].经济日报,2019-05-18.

视电影业、科学研究和综合技术服务等现代服务业发展相对较弱。金融业除2015年对GDP增长的贡献率达到15.2%、高于批发零售业的8.5%外,其余各年均明显低于批发零售业,2018年对GDP增长的贡献率更是只有5.4%;而批发零售业对GDP增长的贡献率除2004年较低(只有5.3%,但仍高于金融业的2.1%)外,其余各年均稳定在7%以上,2018年为9.2%。[①]

我国服务业发展落后的原因,概括起来主要有以下几点:

① 对服务业的性质认识不足,市场体系不够完善。在很长一段时间,我国一直将服务业作为消费部门来看待,将应当商业化经营的一些服务企业作为非营利的公益性、福利性的事业来办,忽视了它们的生产功能和经济功能。如教育科研、文化体育、邮电通信、金融、广播电视、医疗卫生、住宅、城市交通等,在西方社会是重要的服务业行业,在满足人民生活需要的同时给国家和企业带来了巨大的利润;而在我国,这些部门一直被视为公益性和福利性的事业,由政府负责开展和管理,以致这些行业不仅缺乏活力,而且效率低下、发展缓慢,既不能为国家提供经济收益,也无法很好地服务人民大众。改革开放以后,上述情况虽有所改善,但并没有彻底消失,一些服务业的行政管理色彩仍然浓厚,行业准入限制很多。与此同时,我国的服务市场体系发育尚不完全,计划经济时代所形成的企业"大而全""小而全"及将服务业作为企业福利的一部分来包办的现象仍然存在。所有这些均抑制了我国服务业的发展。

---

① 国家统计局.中国统计年鉴[M].北京:中国统计出版社,2019.

② 居民收入水平还不够高。服务业的增长需求取决于居民的收入水平,而居民的收入水平则取决于国家的经济发展水平。改革开放以来,我国经济有了很大的发展。2018年我国GDP总量超过90万亿元,2019年接近100万亿元,2020年超过100万亿元,稳居世界第2位;人均GDP 2018年突破9 000美元,2019年和2020年超过10 000美元。① 但是,与发达国家相比,我国依然有很大的差距。我国人均GDP 2018年仅排在世界第74位,2019年虽有所上升,仍仅排在世界第66位;2018年我国人均可支配收入达到28 228元,2019年达到30 732.8元,其中城镇居民人均可支配收入2018年达到39 250.8元,2019年达到42 358.8元,农村居民人均可支配收入2018年为14 617元,2019年为16 020.7元②,虽然与改革开放初期相比增长了100余倍,但与发达国家的差距仍较明显,尤其是农村居民的人均可支配收入依然偏低。由此可见,我国仍是发展中国家,居民的收入水平仍然较低,限制了我国服务业的发展。

③ 长期推行重工业化发展战略,城市化水平相对落后。1949年以来,我国借鉴苏联的模式,推行重工业化发展战略,重视生产领域的发展,轻视流通领域的发展,一些原来的消费型城市(如上海)变成了生产型城市,再加上封闭的经济发展模式阻碍了贸易等服务业的国际化拓展,硬化、固化了城市产业结构。所有这些均严重阻碍了服务业的发展。与此同时,在重工业化发展战略的

---

① 国家统计局.中国统计年鉴[M].北京:中国统计出版社,2020.
② 国家统计局.中国统计年鉴[M].北京:中国统计出版社,2019.

影响下,中国长期城乡分离,城镇化进程缓慢,水平较低。1949年我国的城镇化率仅为10.64%,到1978年也仅为17.92%。改革开放后,我国的城镇化水平逐步提高。2018年我国城市化水平达59.58%[1],2019年达60.60%[2],超过世界平均水平(55%)。但与其他地区相比,我国的城镇化水平仍然较为落后。2018年北美洲的城镇化水平为82%,拉丁美洲和加勒比地区为81%,欧洲为74%,大洋洲为68%。中国的城镇化水平只高于亚洲的54%和非洲的43%[3]。城市是服务业发展的摇篮。城镇化水平的落后直接影响了中国服务业的发展规模与水平。

3. 服务业发展滞后对大都市发展产生明显的不利影响

与服务业总体发展水平较低相伴随,我国大都市的服务业发展水平也相对落后。

大都市是指国际化程度高、人口与经济规模大、创新能力强的城市。由于这些城市具有综合性高、集聚辐射力强等特征,因此也是生产要素的国际配置中心、经营决策管理的国际中心、知识和技术创新的国际中心、娱乐休闲的国际中心以及国际信息中心。它们是国家经济的灵魂,是世界经济的重要支点。

大都市拥有发展服务业的良好条件。现代服务业的基本特

---

[1] 新华社.70年来我国城镇化率大幅提升[EB/OL](2019-08-15).http://www.gov.cn/xinwen/2019-08/15/content_5421538.htm.

[2] 国家统计局.2019年中国城镇化率突破60% 户籍城镇化率44.38%[N].经济日报,2020-2-28.

[3] 联合国经济和社会事务部人口司.2018年版世界城镇化展望[J].上海城市规划,2018,3:129.

征表现为高人力资本含量、高技术含量、高附加值和高集聚性,服务"产品"具有同时生产、同时消费、无法储存的特性。大规模的服务"产出"需要密集的基础设施和一定规模、相对接近的服务对象。这样的区位一般集中在城市,尤其是大都市。一般而言,现代大都市是知识、信息、资金、技术流转的枢纽,其比较优势在于拥有交通运输便捷、知识信息丰富、人才密集、融资环境优越等服务业资源。因此,大都市大力发展服务业是充分发挥其比较优势的重要举措。

大都市还是大型跨国公司的总部集聚区,对现代服务业的需求量非常大。世界100家最大跨国公司的总部和一流子公司主要分布在大都市中,其中纽约69家、东京66家、伦敦50家、香港40家、新加坡35家[1]。在过去很长一段时间,跨国公司将其在中国及亚太的总部建在上海、北京、广州、深圳等大都市也说明了这一点[2]。大型跨国公司总部的集聚为大都市创造了极大的服务业需求,从而使这些大都市成为服务业的枢纽。目前,纽约、伦敦、东京、巴黎、香港等大都市都是全球服务业的枢纽城市[3][4][5]。

服务业的发展是大都市经济发展的重要支撑。现代城市发

---

[1] 刘荣增.跨国公司与世界城市等级判定[J].城市问题,2002(2):5-8.

[2] 汤胜.与中国的进步同行——世界500强企业在华投资及经营状况分析[N].南方周末,2005-12-8.

[3] L.Ronald. Mitchelson, James O. Wheeler. The Flow of Information in a Global Economy: The Role of the American Urban System in 1990[J]. *Annals of the Association of American Geographers*, 1994, 84(1): 87-107.

[4] P. Hall. *The World Cities*[M]. New York: McGraw Hill, 1966: 48-74.

[5] J. Fridman. World City Formation: An Agenda for Reach & Action[J]. *International Journal of Urban and Regional Research*, 1982, 6(3): 309-344.

展的实践充分证明,现代服务业已经成为现代城市经济增长的强大引擎。通过CBD的强大服务功能,发展现代服务业,推动城市发展,是现代国际大都市发展的重要特征。国际大都市服务经济的比重从20世纪50年代的48.7%上升到80年代的79.5%,20世纪90年代东京、纽约、伦敦等国际大都市服务业的比重超过80%[1],2010年伦敦和东京的服务业比重甚至超过90%[2]。

进入21世纪,随着我国服务业的迅速发展,大都市服务业的发展水平也快速提升。2004年我国仅有北京和广州两个城市的第三产业增加值在GDP中的比重超过50%,分别达到62.2%、53.6%,其他均低于50%,其中武汉为48.6%,上海为47.9%,深圳为47.4%,济南为46.8%,天津为45.5%,无锡为40.2%,杭州为40.1%,青岛为38.4%[3];但2018年北京第三产业增加值在GDP中的比重已超过80%(为81%),广州已超过70%(为71.15%),上海和杭州已超过60%(分别为69.9%和63.9%),济南为59.9%,深圳为58.8%,天津为58.6%,青岛为56.4%,武汉为54.6%,无锡为51.1%[4][5][6]。即便如此,与发达国家大都市服务业增加值普遍占其GDP 80%以上的发展水平相比,中国大都市服务业增加值水平仍有很大的差距。

---

[1] 北京教科院高教所.首都现代化建设对教育的要求资料选编[R].1998:58.
[2] Office for National Statistics. https://www.ons.gov.uk.
[3] 数据来自各市统计年鉴。
[4] 国家统计局.中国统计年鉴[M].北京:中国统计出版社,2019.
[5] 青岛市统计局.青岛市统计年鉴[M].北京:中国统计出版社,2019.
[6] 各地统计局2019年发布的《国民经济和社会发展统计公报》。

大都市服务业发展滞后,严重影响我国经济的进一步发展。

① 大都市服务业发展滞后,直接表现为产业结构升级滞后,不利于国家经济的长远发展。就我国目前的发展阶段而言,大都市的许多制造业已经丧失发展的比较优势。由于传统发展惯性使然,或是由于观念意识原因,这些城市中的大多数还在极力发展制造业,并通过比拼优惠政策获取一定的竞争优势。然而,这种做法在一定程度上破坏了地域分工,造成经济利益的无谓流失。同时,由于制造业的扩张需要投入大量的能源以及原材料,这不仅加速了资源枯竭,增加了对环境的破坏,也使国际贸易摩擦和倾销与反倾销斗争不断加剧。这种经济发展模式还往往因产业链过短而助长行政区域经济壁垒,进而影响经济的可持续发展。更有甚者,大都市产业结构升级滞后还导致不能为低等级城镇让出产业发展空间和市场空间,进而阻滞国内低等级城镇产业结构的升级和综合经济的发展。

② 大都市服务业发展滞后,降低了其参与全球城市体系、分享国际分工利益的能力。近年来,随着产业结构的"软化",现代服务业(如研发、金融、保险、信息、咨询)已成为许多国际大都市经济的主导产业。借助于掌握核心研发、核心技术的企业对服务对象群进行控制以及为周围经济提供信息、咨询、金融保险等服务的能力,这些大都市已成为区域经济或全球经济的"首脑"或者"脉络"的重要结点,城市经济也因之获得进一步的发展。相反,如果一个大都市服务经济落后,就无法形成对周围经济活动的组织和控制,无法获取城市发展的资源和服务的市场,也就不能参

与到国际经济当中去,进而分享国际分工所带来的利益,城市经济也就难以发展壮大,更无法带动国家经济的进一步发展。大都市作为国家的经济中心和发动机,其发展活力、发展动力和发展水平决定了一国或一个地区的经济发展,服务业发展水平低下导致城市经济发展滞后,必然对一个国家或地区的国民经济发展造成损害。因此,大力发展大城市服务业,对推动产业结构升级和国民经济发展具有重要的意义。

上海作为我国最大的城市,其基本定位是建设成为国际金融、贸易、经济和航运中心以及长江三角洲的"龙头"城市。目前,上海经济发展迅速,人均GDP超过20 000美元,但与国内其他大都市一样,服务业发展水平仍然不高。

4. 上海服务业发展亟待提高

首先,上海服务业产值仍然偏低。2018年上海服务业产值占GDP的比重为69.9%,虽和过去相比有了长足的进步,但与纽约、伦敦、巴黎、东京等国际化大都市相比仍然差距明显。即使与国内的北京、广州相比,也有一定的差距。

其次,上海服务业的内部结构不合理。就目前上海服务业的内部结构来看,现代生产性服务业(如金融保险、信息、研究开发、教育)虽然远远超过交通运输、邮电、批发零售和餐饮等传统服务业,但几项数据分开来看则会发现,作为现代服务业核心的金融业在上海整体服务业中的比重并未占有绝对优势,信息、研究开发和教育等部门更是远低于批发零售业的发展水平。显然,这不利于上海的经济发展,更不符合上海发展的目标定位。

当前,随着经济全球化的发展,大都市之间的竞争日益激烈,东京、新加坡、首尔、大阪、香港、北京、深圳、广州等大都市对上海形成的压力日益增大。与此同时,国际和国内对服务业的需求也在与日俱增,迫切需要上海这样的国际大都市迎头赶上,在提升自身产业能级的过程中,担当起国家经济乃至世界经济的"助推器"。在此形势下,国家和上海都高度重视上海的服务业发展。进入 21 世纪,上海"四个国际中心"的大都市建设和现代服务业发展一直是国家战略的一个重要部分和操作步骤。所有这些都为上海服务业发展带来了前所未有的机遇和挑战。

有鉴于此,借鉴已有的理论成果和实践经验,以上海为例,加强大都市服务业发展研究,对推动上海、国家乃至全球现代服务经济发展都具有重要的理论与现实意义。

(二) 服务业的内涵、特征及分类

1. 服务业的内涵

早在 18 世纪,英国古典经济学家亚当·斯密(Adam Smith,1776)就对服务经济的内涵做过描述。他指出,服务显然不同于商品,所以提供服务被看作是非生产性的使用劳动,服务生产所使用的劳动并不"将它本身固定或实现在任何特定的物体上……这个物体在那种劳动过后仍将持续存在,随后还能购得等量的劳动"。斯密认为牧师、律师、医生、文人、演员、音乐家、歌剧演唱

家、歌剧舞蹈家等的服务都属于非生产劳动范畴,"像演员的对白,雄辩家的演说,音乐家的歌唱,他们这一般人的工作,都是随生随灭的"。① 进入20世纪,随着服务业的发展,关于服务业内涵的描述也不断增多。例如,兰开斯特(Lancaster,1966)把所有商品和服务称为满足消费者不同需要的具有不同特点的各类物品②。富克斯(Fuchs,1968)认为服务是在消费者在场参与的情形下提供,且不能运输、积累或贮存的缺少实质性的经济活动③。希尔(Hill,1977,1987)认为"服务生产的显著特点是,生产者不是对其商品或本人增加价值,而是对其他某一经济单位的商品或个人增加价值","服务一旦生产出来,就必须由消费者获得而不能储存"④。里德尔(Riddle,1986)认为服务是提供时间、地点和形态效用的经济活动,它靠生产者对接受者有所动作产生,接受者提供一部分劳动,或接受者与生产者相互作用从而产生服务⑤。克里斯蒂安·格罗鲁斯(Christian Grönroos,2000)认为服务是由一系列或多或少具有无形特性的活动所构成的一种过程,这种过程是在顾客与员工、有形资源的互动关系中进行的,这些有形资源(有形产品或有形系统)是作为顾客问题的解决方案而提供给

---

① 赫伯特·G.格鲁柏,迈克尔·A.沃克.服务业的增长原因与影响因素[M].上海:上海三联书店,1993:32.

② 赫伯特·G.格鲁柏,迈克尔·A.沃克.服务业的增长原因与影响因素[M].上海:上海三联书店,1993:34.

③ 维克托·R.富克斯.服务经济学[M].北京:商务印书馆,1987:1-20.

④ T.P. Hill. On Goods and Services[J]. *Review of Income and Wealth*, 1977, 23(4):78-86.

⑤ 赫伯特·G.格鲁柏,迈克尔·A.沃克.服务业的增长原因与影响因素[M].上海:上海三联书店,1993:36.

顾客的,其中的互动关系是经常出现的,而且具有十分重要的作用①。

综上所述,目前还没有形成一个权威的关于服务业内涵的描述。但经过多年的探索,人们的认识开始具有趋同的趋势,即人们对服务的定义开始从表层现象的描述走向对其本质的抽象与概括。

2. 服务业的基本特征

服务业与制造业相比具有很大的不同,也使其自身拥有了不同于制造业的基本特征。这些特征概括起来表现在以下 5 个方面:

(1) 需求与供给过剩并存

一般而言,在制造业中,需求与供给过剩作为相互矛盾的两种现象同时存在的可能性很小。在服务业中,这一现象却经常发生。如一天当中的金融保险服务、餐饮服务、城市公共交通服务、电力煤气自来水供应等服务都有高峰期和低谷期,在高峰期时因顾客太多而显得供给不足,在低谷期时则因顾客太少而显得供给过剩,旅馆业在黄金周因出游人数众多而需求暴增,在旅游淡季则因出游人数锐减而出现入住率明显下降的情况。

(2) 供给者的地区集中性、细碎性明显

服务业的存在与发展需要一定的客流和经济底蕴的支持,这一特殊性质决定了它的经营者必须选择繁华的地段从业。如在

---

① George J. Stigler. Trends in Employment in the Service Industries [M]. Princeton: Princeton University Press, 1958: 47.

大都市的 CBD 集中了大量的银行、商店、饭店等服务企业,因为这里交通便捷、人口密集、客流量大、消费水平较高;在偏离市中心的区域,上述服务企业则较少,因为这里交通相对不便、人口较少,客流量和消费水平明显偏低。然而,在服务的固有特性、市场域和市场"门槛"等因素的作用下,很多服务企业的规模都比较小,尤其是那些在中、小城镇和农村地区的服务企业的规模更是如此。如服装业和餐饮业,往往半爿门面就可以开业,雇用一两个员工就可以经营。

(3) 劳动密集性与"附着性"

与制造业相比,服务业的人力资本比重较大,劳动相对密集。如在研发、设计、文化艺术、教育、咨询、娱乐等服务业成本中,有很大一部分是人工费[①]。与此同时,服务业的存在和发展又附着或寄生于工业、农业等物质生产部门,如研发等服务经济活动的存在和发展即是如此。现代服务业中为生产活动提供中间服务的生产者服务在整个服务业中占绝对优势,而且在高速发展,也说明了这一点。

(4) 无形性和不可储存性

服务经济活动的生产与交付是不可分离的。服务是一种行为过程而不是物品,很多服务的物质及组成服务的元素都是无形的,难以观察和感触到,使用服务后的利益也很难察觉到,或是一段时间后享用服务的人才能感到"利益"的存在。服务在生产、传

---

① 郑琴琴.服务业跨国公司扩张理论及应用研究[D].复旦大学博士学位论文,2004.

递和消费过程中同步发生,服务人员提供服务给顾客时,也正是顾客消费服务的时刻。① 因此,服务提供者与消费者难以分割,服务的生产将直接的消费客户和相关消费者纳入一个整体中。

(5) 价格趋涨性和逆周期性

由于服务业的人力资本比重较大,服务业员工工资的提高将直接反映到服务产品的价格上,从而造成了服务产品价格上涨率相对较高的现象。同时,由于不可储存性特征的存在,服务业的产出相较于制造业和农业来说更为稳定;而服务的职业性质又决定了很多服务业的"报酬"具有很大的弹性,这使服务业的就业较其他产业更为稳定。服务业产出和就业的相对稳定使其具有减缓经济周期波动的特点,即逆周期性。

3. 服务业的分类

广义而言,服务业即是指第三产业,只是两者所指的侧重点不同。第三产业的概念偏重于从就业角度描述经济结构变动,服务业的概念则偏重于从生产技术角度描述生产结构的变动②。本书使用的服务业概念是就广义而言的,与第三产业的概念一致。

关于服务业的分类研究大体分为三个阶段:

(1) 20 世纪 40 年代以前的初步形成阶段

20 世纪初以前,关于产业的分类比较模糊,没有形成系统的研究成果。1935 年,新西兰经济学家费希尔(Fisher)在其所著的

---

① 饶友玲.国际服务贸易:理论、产业特征与贸易政策[M].北京:对外经济贸易大学出版社,2005:25-31.

② 黄少军.服务业与经济增长[M].北京:经济科学出版社,2000:72.

《安全与进步的冲突》一书中首次较系统地提出了三次产业的分类方法和分类依据。[①] 他认为,人类经济发展经历了三个阶段:18世纪60年代以前以农业和畜牧业为主要经济活动的初级阶段;18世纪60年代第一次产业革命到19世纪末以机器大工业为标志的第二阶段;20世纪初以大量资本和劳动力流入非物质生产部门为标志的第三阶段。三个阶段的主导产业依次对应为第一、第二和第三产业。这里,第三产业包括商业、旅游、运输、贸易、娱乐、文化艺术、教育、科研、保健和政府活动等[②]。

(2) 20世纪50—80年代的迅速发展阶段

20世纪50年代以后,随着服务业的发展,关于服务业的分类研究逐渐加快,相继出现了许多新观点。例如,布朗宁和辛格尔曼(Browning and Singlemann, 1975)将公用事业、建筑业归类为商品生产部门[③];戚斯(Keith Fletcher, 1956)从客户对服务的推广程度出发,将服务分为高接触性服务、中接触性服务和低接触性服务三大类;科特勒以提供服务的工具、顾客在服务现场的必要性、个人需要的不同、服务组织的目的为分类标准对服务业进行了分类[④];拉夫朗克(Lovelock, 1979)以服务对象、行为方式、关

[①] 何炼成,郑江绥.三次产业的划分与第三产业的质与量分析[J].西北大学学报(哲学社会科学版),2003(2): 5-7.

[②] A. G. B. Fisher. *The Clash of Progress and Security*[M]. London: Macmillam, 1935: 127-129.

[③] 赫伯特·G.格鲁柏,迈克尔·A.沃克,服务业的增长原因与影响因素[M].上海:上海三联书店,1993: 40.

[④] 饶友玲.国际服务贸易——理论、产业特征与贸易政策[M].北京:对外经济贸易大学出版社,2005: 7-8.

系、互动频率、定制化程度与需求波动程度等作为分类标准对服务业进行了分类①；M. A. 卡图齐安（M. A. Katouzian，1970）提出了新兴服务、补充服务和传统服务业的服务业分类法②；辛格尔曼（Singelmann，1978）将服务业分为流通服务（包括交通仓储业、通信业、批发业、除饮食业外的零售业、广告及其他销售服务业）、生产者服务（包括银行、信托以及其他金融业，保险业，房地产业，工程与建筑服务业，会计和出版业，法律服务）、社会服务（包括医疗保健业、医院、教育、福利和宗教服务、非营利机构、政府服务、邮政服务）、个人服务（包括家庭服务、旅馆饮食业、修理服务、洗衣服务、理发与美容、娱乐与休闲）四类③。这些新观点之间存在着明显的差异，也正是这些差异将服务业的分类研究推向新的阶段④。

(3) 20 世纪 90 年代之后的趋同、完善阶段

为了统一世界各国的产业分类，1958 年联合国制定了第一版国际标准产业分类法（ISIC），按照功能将经济活动分为 9 类：农、林、牧、渔业；矿产业；制造业；建筑业；水、电、煤气和城市排污；商业；交通、仓储和通信；服务业；其他。1968 年对该分类法进行了第一次修订，但没有改变最初的框架。此后，联合国将此分类法

---

① Christopher H. Lovelock. Classifying Services to Gain Strategic Marketing Insights[J]. *Journal of Marketing*, 1983, 47, Summer: 12.

② M. A. Katouzian. The Development of the Service Sector: A New Approach[J]. *Oxford Economic Papers*, 1970 (22): 362-382.

③ Joachim Singelmann. From Agriculture to Services: The Transformation of Industrial Employment[M]. Thousand Oaks: Sage Publications, Inc., 1978.

④ Christopher H. Lovelock. Classifying Services to Gain Strategic Marketing Insights[J]. *Journal of Marketing*, 1979, 47(3): 168-178.

推荐给世界各国。1990年该分类法进行了第二次修订,在考虑服务业的发展及其在经济活动中重要性的增加还有功能差异的基础上,兼顾技术上的一致性,将全部经济活动进一步分为大、中、小、细四个层次,并规定了相应的统计编码①。

除联合国外,一些国际组织也不断推出新的服务业分类法。例如,服务业国际标准化组织在 ISO 9004-2：1991《质量管理和质量体系要素第2部分：服务指南》中,将服务业分为接待服务、交通与通信、健康服务、维修、公用事业、贸易、金融、专业、行政管理、技术、采购、科学 12 类②；世贸组织统计和信息系统局(SISD)在其提供的国际服务贸易分类表中,将服务业分为商业服务业、通信服务业、建筑及有关工程服务业、销售服务业、教育服务业、环境服务业、金融服务业、健康与社会服务业、与旅游有关的服务业、文化娱乐及体育服务业、交通运输服务业 11 个大类 140 多个服务项目。目前,许多国家在不断修订国家分类法以适应国民经济的发展,一定程度上也兼顾了国际标准的相融性,服务业的分类更趋完善。

我国 1985 年 3 月批准的《关于建立第三产业统计的报告》首次规定了三次产业的划分范围。此后,随着社会经济的不断发展,我国三次产业的划分标准进行了多次调整。目前我国实行的三次产业的划分标准是 2018 年国家统计局在 2012 年颁布的标

---

① 苏东水.产业经济学[M].北京：高等教育出版社,2002：28-29.
② 国家技术监督局.中华人民共和国国家标准,GB/T 19004—1994,质量管理和质量体系要素第2部分：服务指南[EB/OL](1994-11-29).www.csres.com/detail/59454.html.

准上修订而来的。按照此标准,我国三次产业划分的具体范围是:第一产业包括农、林、牧、渔业;第二产业包括采矿业,制造业,电力、燃气及水的生产和供应业,建筑业;第三产业包括农、林、牧、渔业及辅助性活动,开采业及辅助性活动,批发和零售业,交通运输、仓储和邮政业,住宿和餐饮业,信息传输、软件和信息技术服务业,金融业,房地产业,租赁和商务服务业,科学研究和技术服务业,水利、环境和公共设施管理业,居民服务、修理和其他服务业,教育,卫生和社会工作,文化、体育和娱乐业,公共管理、社会保障和社会组织,国际组织 17 个大类。本书的研究主要在国家分类框架下进行。

二、国内外研究现状

关于服务业的研究可谓源远流长。继 18 世纪英国古典经济学家亚当·斯密对服务业的内涵做出初步论述后,经济学家对服务业的研究逐步增多。特别是在费希尔(Fischer,1935)及其他学者提出三次产业的分类方法之后,关于服务业的研究更是大量涌现。

(一)国外服务业的研究概况

在国外,有关服务业的研究大体分为以下几类:

1. 关于服务业增长的理论研究

经济增长作为经济学研究的核心课题,始终是经济学家热衷探讨的话题,出现了大量的相关理论。关于服务业增长的理论,主要有鲍莫尔(Baumol，1967)、富克斯(Fuchs，1968)、赫伯特·G.格鲁柏(H. G. Grubel，1993)、迈克尔·A. 沃克(Michael A. Walker，1993)等人的研究。

1967年，鲍莫尔提出了非均衡增长的宏观经济模型，即成本病理论。借助这一理论，鲍莫尔成功地解释了服务业生产率不增长的原因：①服务业生产率不增长是因为服务业需要提供者直接参与，因此无法通过节约劳动力来提高生产率。②服务业无法标准化，因此无法实现规模经济效应[1]。

1968年，富克斯对服务业就业人数增长的原因、服务业生产率及行业差异、行业小时工资差异、周期性波动、服务经济的若干影响等进行了研究。他指出，服务业的就业增长与生产率没有显著关系，服务业生产率提升较慢，影响小时工资的因素是工会化和企业规模差异造成的；服务业就业、产值的周期变化较小；在商业周期中，服务部门的产值和就业比工业稳定[2]。可以认为，富克斯的研究是系统研究服务经济诸多规律的开端。

20世纪80年代以后，随着经济全球化浪潮的高涨，世界经济日益发展，人们对服务业的认识更加深刻，相关的理论研究进一步向前发展。如丹尼尔(Daniel，1982)对服务业的增长及其区位特征进行了研究[3]，井原哲夫从服务业分类、增长等方面对服务经济进

---

[1] William J. Baumol. Macroeconomics of Unbalanced Growth [J]. *American Economic Review*，1967(57)：53-58.

[2] 维克托·R.富克斯.服务经济学[M].北京：商务印书馆，1987：17.

[3] P. Daniel. Service Industries：Growth and Location[M]. Cambridge：Cambridge University Press，1982.

行了探讨①,里德尔(Riddle,1986)提出了交互经济模型,对生产者服务增长机制进行了解剖②。也正是在这一时期,赫伯特·G.格鲁柏和迈克尔·A.沃克对服务业的增长原因与影响因素进行了研究。他们指出,对服务业增长贡献最大的是生产者服务,无论从名义GDP还是实际GDP来衡量,它在服务部门中占的比重均很大,且发展速度快、前景好;其次是政府服务,政府的公共支出是服务经济增长的重要推动力,而消费服务对服务经济的推动和贡献不大③。这些理论的提出,对推动服务业的发展有着重要的意义。

2. 关于服务业经济结构与布局的研究

继费希尔等人提出三次产业分类法之后,库兹涅兹(Kuznets,1941)、赫希曼(A. O. Hirschman,1958)、拉夫朗克(Lovelock,1983)等对服务业进行了进一步的分类,推动了服务业的产业结构优化研究。进入21世纪,随着信息技术的发展,经济全球化进程加快,服务业地位日益突出,服务业的细化研究也大量增加,出现了大量关于金融、保险、教育、社会服务、文化、旅游等领域的研究成果,如尼古拉斯·泰勒(Nicolas Taylor,2002)的《伦敦股票交易竞争》④、李东辉(Donghui Li,2003)的《保险服务业产业内贸易

---

① 井原哲夫.服务经济学[M].北京:中国展望出版社,1986:122-128.
② D. Riddle. Service-led Growth: the Role of the Service Sector in World Development[M].New York: Praeger Publishers,1986:28-132.
③ 赫伯特·G.格鲁柏,迈克尔·A.沃克.服务业的增长原因与影响因素[M].上海:上海三联书店,1993:178-179.
④ Nicolas Taylor. Competition on the London Stock Exchange, European Financial Management,2002,8(4):399-419.

的决定因素研究》[1],伊西多尔·西里尔·坎农(Isidore Cyril Cannon,1997)的《香港的高等教育》[2],E. S. 萨瓦斯(E. S. Savas, 2002)的《纽约社会服务的竞争与选择》[3],艾伦·J.斯科特(Allen J. Scott,2000)的《巴黎的文化经济》[4],戴维·格拉斯通和苏珊·菲恩斯特恩(David Glandstone,Susan S. Fainstein,2001)的《全球城市的旅游业比较研究——以纽约、洛杉矶为例》[5]。

服务业企业需要空间坐落,区位对服务业发展也十分重要。对此,克里斯塔勒(W. Christaller,1933)、廖什(August Lösch,1940)提出了中心地理论和市场区位理论[6];E. A. 高兹(E. A. Kautz,1934)提出了海港区位理论[7];贝克曼(Beckmann,1958)建立了中心地模型[8];E. W. 伯吉斯(E. W. Burgess,

---

[1] Donghui Li. The Determinents of Intra-industry Trade in Insurance Service[J]. The Journal of Risk, and Insurance, 2003, 70(2): 269-278.

[2] Isidore Cyril Cannon. Higher Education in Hong Kong, Higher Education[J]. 1997, 51(4): 308-324.

[3] E. S. Savas. Competition and Choice in New York city Social Services, Public Administration Review[J]. 2002, 62(1): 82-91.

[4] Allen J. Scott. The Culture Economy of Paris, International Journal of Urban and Regional Research[J]. 2000, 24(3): 567-582.

[5] David Glandstone, Susan S. Fainstein. Tourism in Global Cities: A Comparison of New York and Los Angeles[J]. Journal of Urban Affairs, 2001, 23(1): 23-40.

[6] A. Losch 著,王守礼译.经济空间秩序[M].北京:商务印书馆,1995.杨吾扬.区位论原理——产业、城市和区域的区位经济分析[M].兰州:甘肃人民出版社,1989:115-141.许学强.城市地理学[M].北京:高等教育出版社,1996:136-152.

[7] 杨吾扬.区位论原理——产业、城市和区域的区位经济分析[M].兰州:甘肃人民出版社,1989:71-74.

[8] J. M. Levy. Urban and Metropolitan Economics[M]. New York: McGraw-Hill, 1985;蔡孝箴.城市经济学[M].天津:南开大学出版社,1998:133-135;于洪俊等.城市地理概论[M].合肥:安徽科技出版社,1983:448-451.

1925),霍伊特(Hoyt,1939),C.哈里斯、E.乌尔曼(C. Harris, E. Ullman,1945),R. E. 莫菲、J. E. 范斯(R. E. Murphy, J. E. Vance,1954)等提出并发展了 CBD 理论①;W.阿隆索(W. Alonso,1964)提出了竞租理论②。这些理论丰富了服务业发展中的空间布局理论。

3. 关于服务业竞争力的研究

自 20 世纪 70 年代以来,有关产业竞争力的研究日益增多。在此背景下,关于服务业竞争力的研究也开始涌现,如路易斯·鲁巴尔卡巴和大卫·加戈(Luis Rubalcaba,David Gago,2001)对贸易领域的服务与竞争力之间的关系进行了研究③,菲利普·哈德威克和窦文(Philip Hardwick,Wen Dou,1998)对保险业的竞争力进行了研究④,鲍尔·温德鲁姆和马克·汤姆林森(Paul Windrum,Mark Tomlinson,1999)对知识密集型服务业的竞争

---

① E. W. Burgess. The Growth of the City[M]. Chicago: The Chicago Press,1925: 47-62; H. Holyt. The Structure and Growth of Residential Neighborhoods in American Cities[M]. Washington DC: Federal Housing Administration, 1939; C. D. Harris, E. L. Ullman. The Nature of Cities[J]. *Annals of the American Academy of Political Science*, 1945(242): 7-17; R. E. Murphy, J. E. Vance. A Comparative Study of Central Business Districts[J]. *Economic Geography*, 1954,30(4): 301-336; R. E. Murphy. Delimiting the CBD, A Comparative Study of Nine Center[J]. *Economic Geography*, 1954(30): 189-222.

② 赵民.城市发展与规划的经济学原理[M].北京:高等教育出版社,2001:88-93.

③ Luis Rubalcaba, David Gago. Relationship between Services and Competitiveness: The Case of Spanish Trade[J]. *Service Industries Journal*, 2001, 21(1): 34-61.

④ Philip Hardwick, Wen Dou. The Competitiveness of EU Insurance Industries[J]. *Service Industries Journal*, 1998, 18(1): 39-53.

力进行了研究[1],希钦斯和奥法尔(Hitchens,O'Farell,1996)对不同地区商业服务业竞争力进行了对比研究[2],安东·迈耶和理查德·蔡斯等(Anton Meyer,Richard Chase et al.,1999)对服务业竞争力进行了国际比较研究[3]。

4. 关于生产者服务业和高等级服务业发展的研究

自20世纪90年代以来,学者们更多地关注生产者服务和高等级服务业的发展研究,在此方面涌现了一系列研究成果。如科菲(Coffey,2000)对生产者服务业的地域分布和大城市内部高等级服务业的分布、集聚与扩散进行了研究[4],查吉尔(Zagier,2000)、沃尔科(Walker,1998)对新经济中的生产者服务业进行了

---

[1] Paul Windrum, Mark Tomlinson. Knowledge Intensive Services and International Competitiveness: A Four Country Comparison[J]. *Technology Analysis & Strategic Management*, 1999, 11(3): 391-408.

[2] D. M. W. N. Hitchens, P. N. O'Farell. The Competitiveness of Business Services in the Republic of Ireland, Northern Ireland, Wales[J]. *Environment & Planning*, 1996, 28(7): 1299-1313.

[3] Anton Meyer, Richard Chase, Aleda Roth, Chres Voss, Klaus-Ulrich Sperl, Larry Menor, Kate Blackmon. Service Competitiveness: An International Benchmarking Comparison of Service Practice and Performance in Germany, UK and USA[J]. *International Journal of Service Industry Management*, 1999, 10(4): 369-379.

[4] W. J. Coffey. The Geographies of Producer Services[J]. *Urban Geography*, 2000(21): 170-183; W. J. Coffey et al.. The Intra-Metropolitan Location of High Order Services: Pattern, Actors and Mobility in Montreal[J]. *The Journal of Regional Science Association International*, 1996(75): 293-323; W. J. Coffey, R. G. Shearmur. Agglomeration and Dispersion of High-Order Service Employment in the Montreal Metropolitan Region, 1981-1996[J]. *Urban Studies*, 2002(39): 359-378.

研究①。

(二) 国内服务业的研究概况

自20世纪80年代以来,随着我国服务业的迅猛发展,学术界关于服务业发展的研究也日渐增多。这些研究大体上可归结为如下几类:

1. 关于服务业增长的研究

1990年李江帆在归纳我国20世纪80年代以前服务经济理论研究的基础上,对城市化率、就业、人口等因素对服务业增长的影响做了探讨。他的研究被誉为中国服务业发展理论的里程碑,其相关著作《第三产业经济学》(广东人民出版社,1990)于1992年获得了孙冶方经济学奖。此后,我国有关服务业增长的研究逐渐增多。如黄维兵(1999)在对发达国家的服务业结构进行详细分析的基础上,从理论上对服务业增长进行了简要探讨②;黄少军(2000)、于东玉(2019)、王帅和吴传琦(2019)等从服务业发展与经济增长的关系出发研究了服务业

---

① M. Zagier, *Producer Services, Innovation, and Outsourcing in the New Economy*[M]. Firenze: Mimeo Firenze, 2000: 66-69; R. Walker. *Is There a Service Economy? The Changing Capitalist Division of Labor in Bryson*[M]. London: Edward Elgar publishing ltd., 1998; P. W. Daniels. Service Industries in the Global Economy[J]. *Annals of the Association of Economic Geographers*, 1994, 40(3): 259-263.

② 黄维兵.现代服务经济理论与经济增长[M].成都:西南财经大学出版社,1999: 18-32.

的增长问题①②③；程大中（2003）、陈宪（2003）、江小涓和李辉（2004）、徐宏毅（2004）等从影响服务业增长的因素方面进行了定量分析④；曾艳（2009）探讨了需求结构与服务业增长的关系⑤；蔡旭初（2003）对上海第三产业增长缓慢的原因进行了分析⑥；周振华（2004）提出了上海第三产业发展的若干战略措施，认为应当着力于提高质量、丰富品类、增加投入⑦；朱金海（2004）提出了上海服务业发展的方向，建议重点围绕港航服务业推动上海服务业发展⑧；高汝熹（2004）提出了上海服务业发展的战略重点，认为作为大都市的上海应当大力发展知识密集型服务业⑨；诸大建等（2004）从宏观上对上海服务业发展战略进行了初步探讨⑩；岳

---

① 黄少军.服务业与经济增长[M].北京：经济科学出版社,2000：77-120.

② 于东玉.上海地区生产性服务业与经济增长研究[J].中国市场,2019(11)：8-10.

③ 王帅,吴传琦.生产性服务业积聚与城市经济增长关系研究——基于35个大中城市的实证分析[J].技术经济与管理研究,2019(12)：125-130.

④ 程大中.服务业的增长与技术进步[J].世界经济,2003(7)：35-42；程大中.中国服务需求弹性估计：基于Baurmol模型的分析[J].经济评论 2004(2)：28-39；陈宪,程大中.上海服务业发展的比较分析[J].社会科学,2003(9)：20-29；江小涓,李辉.服务业与中国经济：相关性、结构转换和加快增长的潜力[M].北京：中国社会科学出版社,2004：1-27.

⑤ 曾艳.需求结构与服务业增长的关系研究[J].产业经济研究,2009(1)：77-78.

⑥ 徐宏毅.服务业生产率与服务业经济增长[D].华中师大博士学位论文,2004.

⑦ 周振华.加快上海第三产业发展的对策研究[R].上海市政府重大决策咨询重点研究课题成果汇编,2004：100-121.

⑧ 朱金海.加快上海第三产业发展的对策研究[R].上海市政府重大决策咨询重点研究课题成果汇编,2004：122-158.

⑨ 高汝熹.知识密集型服务业——大都市第一支柱产业[M].上海：上海交通大学出版社,2004：1-18.

⑩ 诸大建等.上海现代服务业发展战略[M].上海：上海财经大学出版社,2004：21-23.

希明和张曙光(2002)、许宪春(2004)等对我国服务业增值的核算问题进行了探讨①。

2. 关于服务业竞争力的研究

对于服务业国际竞争力,国内学者在利用波特的国际竞争力理论对服务业某些部门进行分析的同时,也利用服务业进出口数据对服务业的总体竞争力进行了粗略的定量分析。黎洁(1999)利用波特模型对旅游业国际竞争力进行了分析②;张蕴如(2002)、郑吉昌(2004)运用服务业进出口数据,构造了比较优势指数,衡量我国服务业的国际竞争力状况③;鲁志永(2002)、林江(2004)利用财务指标与国际大型金融保险业进行对比,研究了我国金融保险业的竞争力④;万绪才(2001)利用层次分析法对区域内某些城市的旅游竞争力进行了比较分析⑤;孟方琳(2019)等以全球价值链为视角,探讨了我国生产性服务贸易国际竞争力提升的路径⑥。

---

① 岳希明,张曙光.我国服务业增值的核算问题[J].经济研究,2002(12):51-59;许宪春.中国国内生产总值核算中存在的若干问题研究[J].经济研究,2000(2):20-27;许宪春.中国服务业核算及其存在问题研究[J].经济研究,2004(3):20-27.

② 黎洁.国际旅游竞争力[J].商业经济与管理,1999(4):63-68.

③ 张蕴如.中国服务业开放度与竞争力[J].国际经济合作,2002(4):34-37.郑吉昌.浙江服务贸易国际竞争力与政策措施研究[J].商业经济与管理研究,2004(5):37-40.

④ 鲁志永.中国银行竞争力与实证研究[J].改革,2002(3):61-37.林江.引入外资对中国保险业组织影响的实证分析——以上海为例[J].财贸经济,2004(8):30-36.

⑤ 万绪才.区域旅游业国际竞争力定量评价理论与实践[J].经济地理,2001(3):355-358.

⑥ 孟方琳等.全球价值链视角下我国生产性服务贸易国际竞争力提升路径研究[J].管理现代化,2019(6):20-26.

3. 关于服务业空间结构和布局方面的研究

国内关于服务业空间结构与布局的研究成果较为丰富。宁越敏(1984)、吴郁文(1988)、李振泉(1989)、许宗卿(2000)、许学强(2002)、蒋三庚(2001,2007)、曾国宁(2006)、路红艳(2008)等对大都市商业区位模式与空间结构进行了探讨[1];阎小培(1999)、杜德斌(2001)、李方安(2004)、陈殷(2004)等对信息服务业、研发服务和生产性服务业的地域结构与区位模式进行了一定的研究[2];严重敏、宁越敏(1994),汤建中(1995),阎小培(2000),蒋三庚(2001),陈英(2002)等对大都市的 CBD 系统、结构、演化改造与发展进行了研究[3];李文秀、谭力文(2008)对服务业集聚的动力

---

[1] 宁越敏.上海市区商业区位探讨[J].地理学报,1984(4):163-172.吴郁文.广州市城区零售商业企业区位布局的探讨[J].地理科学,1988(3):208-217.李振泉.试论长春市商业地域结构[J].地理科学,1989(2):133-141.许宗卿.论城市商业活动空间结构研究的几个问题[J].经济地理,2000(1):115-120.许学强.广州市大型零售商店布局分析[J].城市规划,2002(7):23-28.蒋三庚.北京市商业中心的空间结构研究[J].城市规划,2001(10):63-66.蒋三庚.现代服务业研究[M].北京:中国经济出版社,2007.曾国宁.生产性服务业集群:现象、机理和模式[J].经济学动态,2006(12):59-66.路红艳.基于产业视角的生产性服务业发展模式研究[J].财贸经济,2008(6):108-112.

[2] 阎小培.广州信息密集服务业的空间发展及其对城市地域结构的影响[J].地理科学,1999(5):405-410.杜德斌.跨国公司R&D全球化区位模式研究[M].上海:复旦大学出版社,2001.李安方.跨国公司R&D全球化[M].北京:人民出版社,2004.陈殷.生产性服务业区位论模式及影响机制研究[J].上海经济研究,2004(7):52-57.

[3] 严重敏,宁越敏.略论上海市中心商务区的改造与发展[J].城市问题,1994(2):21-25.汤建中.上海CBD的演化和职能调整[J].城市规划,1995(3):35-38.阎小培等.广州CBD的功能特征与空间结构[J].地理学报,2000(4):475-485.蒋三庚.关于北京中央商务区的发展思路研究[J].首都经济贸易大学学报,2001(2):60-63.陈英.特大城市CBD系统的理论与实践[D].华东师范大学博士学位论文,2002.

机制进行了分析①;程大中、黄雯(2005)对中国服务业的区位分布与地区专业化水平进行了探讨②;胡霞(2008)对中国城市服务业的集聚趋势及特征进行了分析③;王朝阳、何德旭(2008)分析了英国金融服务业的集聚情况④;吉昱华、蔡跃洲、杨克泉(2004),范剑勇(2006),程大中、陈福炯(2005),王帅和吴传琦(2019)等分析了服务业产业集聚的效益及对中国劳动生产率、城市经济增长的影响⑤。

4. 其他研究

除上述研究外,还有一些学者从金融中心或经济中心建设的角度对大都市服务业发展进行了综合探讨。蔡来兴(1995)、潘英丽(2003)、黄运成(2004)、麦挺(2004)、魏江(2004)等对知识密集

---

① 李文秀,谭力文.服务业集聚的二维评价模型及实证研究——以美国服务业为例[J].中国工业经济,2008(4):55-63.
② 程大中,黄雯.中国服务业的区位分布与地区的专业化[J].财贸经济,2005(7):73-81.
③ 胡霞.中国城市服务业空间集聚变动趋势研究[J].财贸经济,2008(6):103-107.
④ 王朝阳,何德旭.英国金融服务业的集群式发展:经验及启示[J].世界经济,2008(3):89-95.
⑤ 吉昱华,蔡跃洲,杨克泉.中国城市集聚效益实证分析[J].管理世界,2004(3):67-74.范剑勇.产业集聚与地区间劳动生产率差异[J].经济研究,2006(11):72-81.程大中,陈福炯.中国服务业相对密集度及对其劳动生产率的影响[J].管理世界,2005(2):77-84.王帅,吴传琦.生产性服务业集聚与城市经济增长关系研究——基于35个大中城市的实证分析[J].技术经济与管理研究,2019(12):125-130.

型服务业与创新进行了研究[1];黄繁华(2002)对全球化背景下的南京服务业发展进行了探讨[2];王小平(2003)对服务贸易与零售业进行了理论与实证分析[3];郑吉昌(2005)对生产性服务业的发展与分工的深化问题进行了初步探讨[4]。

综上所述,不论是国外还是国内,关于服务业的研究取得了令人瞩目的成就。但是,这些研究仍然存在明显的不足。

(1) 对于大都市服务业发展的理论研究尚不成熟,还没有形成完整体系。

(2) 关于上海服务业发展的研究还缺乏系统的理论与实证相结合的研究成果。

(3) 大都市服务业发展与跨国公司的FDI息息相关,但目前相关研究还比较少。

(4) 在国际经济形势复杂、全球化和逆全球化浪潮同时并存的背景下,基于竞争力发展视角的大都市服务业发展研究有待开拓。

---

[1] 蔡来兴.国际经济中心城市的崛起[M].上海:上海人民出版社,1995.潘英丽.中国国际金融中心的崛起:沪港的定位与分工[J].世界经济,2003(8):15-21.黄运成.上海建设国际金融中心的基础条件与主要差距[J].上海经济研究,2003(9):49-55.麦挺.上海建成国际金融中心的四大难题[J].上海经济研究,2004(5):35-38.魏江.知识密集型服务业与创新[M].北京:科学出版社,2004:99-102.

[2] 黄繁华.全球化与现代服务业[M].南京:南京出版社,2002:18-52.

[3] 王小平.一个理论及对服务贸易与零售业的研究[M].北京:经济管理出版社,2003:35-38.

[4] 郑吉昌.生产性服务业的发展与分工的深化[J].管理评论,2005(5):30-35.

三、研究方法、基本框架与创新之处

本书采用理论与实证相结合以及多学科交叉的研究方法对主题展开讨论。

首先,本书梳理、阐述了与服务业发展密切相关的理论,为研究主题的展开奠定坚实的理论基础。

其次,本书在对部分国际大都市服务业发展的实践和成功经验进行分析、总结的基础上,对上海服务业发展进行了具体研究。在研究过程中,本书注重运用城市经济学、区域经济学、发展经济学、增长经济学、产业经济学等多学科对研究主题进行论述。

本书分五章展开(参见图1-1)。

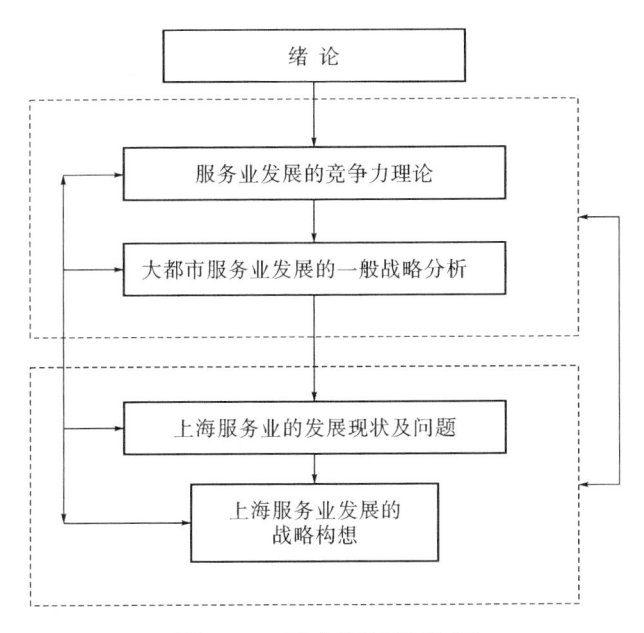

图 1-1 研究框架结构图

第一章,主要介绍问题的缘起以及研究的理论意义与现实意义,国内外的研究现状、研究方法、基本框架与创新之处。

第二章,对相关理论进行梳理,主要阐述了竞争优势理论和竞争力的场理论。

第三章,对大都市服务业发展的意义与原则、服务业发展的一般战略和总体思路进行分析。

第四章,在分析上海服务业发展现状的基础上,指出上海服务业发展过程中存在的问题,并对上海服务业发展的条件进行评价。

第五章,探讨上海服务业发展的战略思路与政策措施。

本研究的创新之处主要表现在如下几个方面:

(1) 运用多学科相结合的研究方法对命题展开讨论,将大都市服务经济作为重点,综合运用区域经济学、城市经济学、国际经济学等不同学科理论进行研究,开阔了研究视野。

(2) 大都市服务经济即一个崭新的前沿命题,目前对该领域的研究很少,本书一定程度上可谓前沿探索的努力。

(3) 目前学术界针对上海服务业发展的研究虽然取得了一定的成果,但系统的研究尚不多见。本书以上海服务业发展为实证研究内容,力求研究系统、深入,对完善上海服务业研究无疑是一补充。

(4) 本研究初步提出了大都市服务业竞争力发展的竞争场理论,丰富和拓展了服务业发展的相关理论。

第二章

服务业发展的竞争力理论

迄今对大都市服务业发展具有直接或间接解释力的理论成果已经非常丰富,如经济增长理论、经济发展阶段理论、产业布局理论等。本书主要关注产业竞争力理论对服务业发展的阐述。

第一节 竞争优势理论

一、国家竞争优势理论

国家竞争优势理论(Competitive Advantages of Nations)亦称国家钻石理论,是美国哈佛大学商学院的迈克尔·波特(Porter,

Michael. E.)教授在 20 世纪 80—90 年代创立的。这一理论分为要素机制理论和发展阶段理论两部分①②③④。

（一）要素机制理论

国际竞争力就是国家的生产力,因此国际竞争力的大小主要决定于生产力水平的高低。一个国家的兴衰在于其能否保持持续的国际竞争力——国际竞争优势。而国际竞争优势的获得和维持,主要取决于国家是否建立了适宜的创新机制和具备了较强的创新能力,能否为该国企业获得竞争优势创造良好的商业环境。

国家竞争优势的微观基础在于企业活力。企业如果在研发、生产、销售和服务的各个环节上不断改革和创新,造就富有活力的企业群体,就能构筑国际竞争优势"大厦"的"砖瓦"。从中观层次看,国家竞争优势是企业在产业组织和区域组织下形成的系统功能的总和。企业活力的发挥和企业的发展必须依靠其前向关联、后向关联和旁侧关联产业的辅助和支持。企业为了降低成本,必须动用一切可以利用的资源。企业总是将研发、生产、营销和服务等各个环节按照一定的组织方式进行空间布局,使各个环

---

① M. Porter. Competitive Strategy: Techniques for Analyzing Industries and Competition[M]. New York: Free Press, 1980: 120-123.

② M. Porter. Competitive Advantage[M]. New York: Free Press, 1985: 35-38.

③ M. Porter. Competitive Advantage of Nations[M]. New York: Free Press, 1990: 55-57.

④ M. Porter. What Is Strategy[J]. Harvard Business Review, 1996, November-December: 61-78.

节能占据有利的区位,支持企业资源的合理配置,增强国家竞争优势。波特教授认为,单个企业或者产业的国际竞争优势并不能必然导致国家竞争优势。从宏观层次看,国家的竞争优势是由生产要素条件,需求条件,相关产业和支持产业,企业的组织、战略竞争状态4类基本要素与政府、机遇2类辅助要素综合作用的结果(见图2-1)。

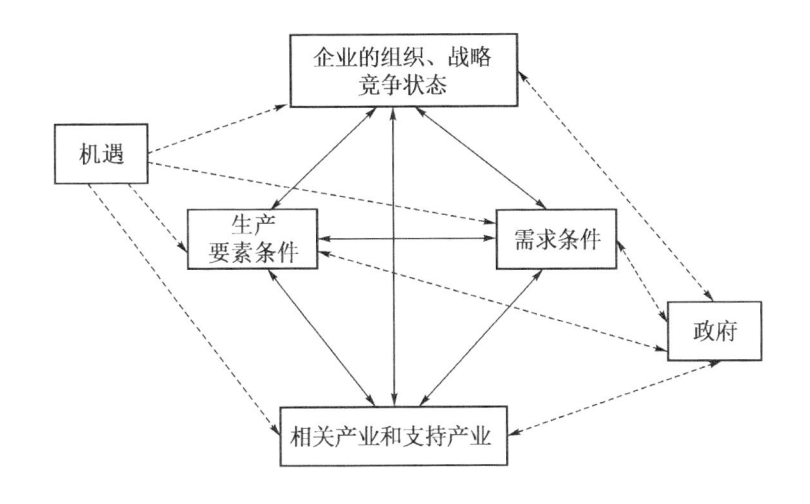

图 2-1 国家竞争力"钻石"模型

资料来源：M. Porter. The Competitive Advantage of Nations [M]. New York: Free Press, 1990: 133.

1. 生产要素状况

波特教授将生产要素分为人力资源、物质资源、资本资源、基础设施和知识资源5类。在此基础上,他进一步将其分为基本要素和推进型要素。[①] 其中,基本要素包括自然资源、气候条

---

① 蔡春.湖北省产业竞争力研究[D].武汉理工大学硕士学位论文,2006.

件、地理位置、初级劳工、债券资本等,推进型要素包括现代化的电信网络、高精科技人才、高校研究中心和领先学科等①。基本要素是先天的,较容易得到,对国际竞争力的形成起基础作用,具有静态性特征;而推进型要素是经过后天培育、开发出来的。因此,基本要素在许多行业中对企业的竞争优势具有决定性的影响。②

然而,随着世界贸易结构的变化,基本要素的地位和作用呈现下降的趋势。推进型要素具有动态性、稀缺性和垄断性特征,投入的回报率较高,难以从公开市场上获得,其开发与培育不仅需要大量、持续地投入人力、物力、财力,还需要有一个宏观的支持环境。推进型要素对企业的发展越来越重要,它是企业开发新产品、赢得国际竞争力所必需的条件。充足的基本要素有利于产业国际竞争力的发展,但在具备一定发展条件时,一般要素的不足可能成为激励企业开发推进型要素的动力。

波特进而将生产要素分为通用要素和特殊要素。前者是指各个产业都能使用的要素,如资本、交通设施等;后者是指专门的要素,如某些专门的人才。由于特殊要素的培育和开发一般需要很长时间,竞争者需要很长时间才能模仿和超越,因此,这种依靠特殊要素发展的企业最易形成和保持竞争优势。

国家(地区)若能将自己的产业建立在依靠这些特殊要素和

---

① 蒋国平.中国建成世界工厂的技术性后发劣势问题[J].改革与战略,2006(4):12-15.
② 吴汉嵩等.国际贸易:理论·政策·实务[M].北京:北京工业大学出版社,2006:89-101.

推进型要素的基础之上,就能形成和持久地保持产业的国际竞争力。

2. 需求条件

决定一国国际竞争力的第二大因素是需求状况。一般而言,企业是根据国内市场的需求现状和趋势进行投资、生产和研发的。当发展到一定的程度,具备了一定的营销技巧、营销网络、产业综合经营管理能力和综合竞争优势时,企业就开始走出国门,到世界市场上进行角逐。企业能否在国际竞争场上表现出竞争优势,很大程度上取决于本国需求与国际需求对比之下的优劣势[①],具体表现在以下几个方面:

(1) 需求的领先程度

如果本国需求居于世界先进行列,成为世界消费潮流的引导者,为本国服务的厂商也就居于其他世界厂商的前列,其研发、生产、营销和服务等环节的实力和战略、经验为其步入国际竞争场、形成国际竞争力奠定了雄厚的基础。特别是一些创新源企业,以其起步较早的先发优势,"一步领先,步步领先",形成持久的国际竞争优势。

(2) 需求偏好与需求规模差异

由于需求偏好的差异,同一产业内各国对各种产品的需求规模和层次不同。在A国市场上需求最大的产品在B国需求可能较小,对应的生产规模较小,A国可以利用本国大规模生产的优

---

① 蔡春.湖北省产业竞争力研究[D].武汉理工大学硕士学位论文,2006.

势,向B国出口,形成国际竞争力。

(3) 需求偏好国际流转

由于不同的人群具有不同的消费偏好,因此人群的流转带动了消费习惯的普及和扩散,也带动了产业的扩散和产品市场的外延。

(4) 需求的质量差异

如果本国需求质量高、技术复杂的产品,就会激励厂商努力创新,促使该国的产业国际竞争力提高。

3. 相关产业与支持产业

根据一般的规律,每个产业一方面需要相关产业提供原材料、零部件、半成品,另一方面又可为相关产业提供产品和服务。一个产业的领先往往不是孤立的,必须有若干相关产业的支持,才能成就该产业的国际竞争力并维持其国际竞争优势。[1] 其具体表现为:

(1) 紧密合作

任何一个产业总是通过其前向联系、后向联系和旁侧联系与许多产业形成合作关系。在生产过程中,相关产业为其提供原料和零部件;在开发过程中,相关产业的厂商通过相互间良好的交流,共同规划,加速开发进程。除生产、研发外,产业的国际竞争优势与营销体系的国际竞争力密切相关。因此,一个产业的国际竞争力或竞争优势也取决于其相关产业、支持产业的发育状况及

---

[1] 蔡春.湖北省产业竞争力研究[D].武汉理工大学硕士学位论文,2006.

它们的国际竞争能力和国际竞争战略。

（2）企业群聚(Clusters)和创新环境

一个产业依赖相关与辅助产业的各种企业在地域上的集聚,一方面创造了规模经济,降低了成本,催发了国际竞争力；另一方面,大量集聚的企业可以形成一个多向交流的巨大"信息场",丰富的信息为创新提供了良好的环境。新技术、新发明的不断涌现,使该产业具备和维持技术领先的优势,形成较高的国际竞争力。

4. 企业战略、组织结构与竞争状态

波特认为,决定企业发展战略、管理体制、竞争结构和竞争状态的关键是企业的内部条件、企业所处产业的性质、企业面临的竞争环境等因素。国内企业如果能够保持一种强烈的竞争态势,就会刺激企业竞争优势的产生,即逼迫企业改变发展战略和管理体制,迎击、战胜来自各方的竞争者,特别是积极参与国际竞争与合作,强化竞争优势,开拓国际市场,发展国际竞争力。[1]

5. 政府

政府对国际竞争力具有深刻的影响。它通过行政法规和金融、货币、财政政策等一系列要素的倾斜导向,影响着国际竞争力。这可能是积极的,也可能是消极的。[2]

---

[1] 蔡春.湖北省产业竞争力研究[D].武汉理工大学硕士学位论文,2006.
[2] 蔡春.湖北省产业竞争力研究[D].武汉理工大学硕士学位论文,2006.

6. 机遇

机遇是指一些偶然性、突发性的机会，也是影响一国产业国际竞争力的重要因素。

机遇对国际竞争力的影响主要表现在以下几个方面：

① 重大的发明创造和先进技术的出现，如微电子技术、生物技术、AI技术、互联网技术、区块链技术和物联网技术等。

② 战略性资源的冲击，如石油危机、粮食危机等。

③ 金融、经济方面的偶然事件，如经济危机、金融危机、国际需求或者地区需求的上扬等。

④ 国际关系的改善或恶化、国际贸易摩擦、政治动荡和战争等。

偶然性事件带来的机遇对国际竞争力的影响，主要表现为迅速地改变国际竞争力格局，使原来具有竞争优势和国际竞争力的产业部门，因一些经济技术或者军事政治方面的偶然因素而得到很大的强化或弱化乃至消失；也使一些没有国际竞争力的部门因为偶然的技术经济因素或者政治、军事因素而获得国际竞争力和国际竞争优势。

（二）国际竞争力发展阶段理论

波特认为，每个国家的国际竞争力发展都呈现明显的阶段性特征。一个国家在参与国际竞争的过程中大体上要经历要素推动、投资推动、创新推动和财富推动四个发展阶段（见图2-2）。在每一阶段，由于推动因素不同，国家发展产业竞争力的政策也有着明显的不同。

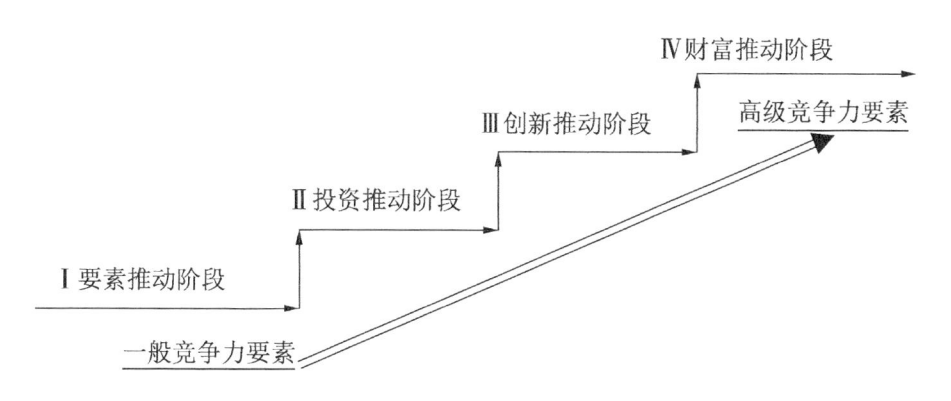

图 2-2 竞争力驱动要素及其发展阶段

1. 要素推动阶段

这是一个国家国际竞争力发展的第一阶段,也是初级阶段。在这一阶段,该国的国际竞争力和竞争优势主要来源于基本生产要素。因此,基本生产要素的丰富程度和质量好坏就成为其国际竞争力发展最重要的驱动因素。

2. 投资推动阶段

在经过第一阶段的发展后,国家的国际竞争优势逐渐积累,开始在国际市场上崭露头角,但要想进一步拥有更强的竞争力,仅靠原来的要素驱动已远远不够。于是,该国的国际竞争力发展开始进入第二阶段,由原来的主要依靠要素驱动变为主要依靠大量投入资本,提高装备水平和技术水平,发展规模经济,从而获得国际竞争力。在此阶段,投资成为该国国际竞争力发展最为重要的驱动因素。

3. 创新推动阶段

在大量投资的驱动下,一个国家的产业发展逐渐具备了良好的基础,并在国际市场上赢得一席之地,但它的地位是不稳固的,随时会被后起之秀赶超或替代。为维持或提升现有的地位,产业开始日益重视科技创新对国际竞争力提升的关键作用,一方面不断引进、借鉴和消化吸收国际国内的先进技术并进行二次创新,使之转化为生产力和竞争力;另一方面不断根据企业的现有水平,致力发展原发性创新,力求占据某些技术的制高点,形成持续的国际竞争力。于是,创新成为这一阶段该国国际竞争力发展最为重要的驱动因素。

4. 财富推动阶段

在经历前三个阶段的发展后,一个国家已具有了强大的国际竞争力,并借此积累起大量的物质财富和精神财富。从此,这些财富成为该国维持国际竞争力的重要基础。在大量财富面前,企业不再具有创新的动力,不再希望有竞争的压力,它们开始追求行业内部的稳定。于是,该国的国际竞争优势开始流失,国际竞争力开始下降。

综上所述,波特教授独辟蹊径地将产业定义为生产同类相互竞争的产品或服务的企业的集合,将产业的国际竞争力定义为国家为产业、企业获得竞争优势而提供的商业环境的能力,从而把产品、企业、产业、地区和国家置于一个相互联系的整体之中,形成了国家"钻石"模型,很好地解释了国际竞争力的发生机制。他还借助国家竞争力发展阶段理论,深刻揭示了产业国际竞争力由弱而强、由强而弱的动态规律,揭示了国家必须努力形成良好的竞争环境和机制,提供一个促进企业创新的环境,使企业在竞争中依靠积极的创新来提高劳动效率,进而提高质量、降低成本,形成优势产业,建立起国家的竞争优势和竞争力的一般原理。[①]

当然这只是一个较为宏观、简明的分析框架,尚缺乏定量指标,只有结合各国的具体国情,借助其他的定量方法,才能更好、更准确地识别和评判产业的国际竞争力。

二、企业竞争优势理论

自20世纪80年代以来,企业竞争优势理论的研究发展迅速,并成为经济学与管理学关注的焦点。目前,学术界形成了企业位势理论、企业资源理论和企业能力理论等若干不同的企业竞争优势理论模式。

(一)企业位势理论

企业位势理论是波特在20世纪80年代初提出的。[②] 根据这一理论,企业的竞争力由5种产业结构力量(即竞争者、潜在的竞争者、替代者、购买者和供应者)来决定。企业制定的战略与其外部环境特别是它所处的产业具有高度的相关性。

[①] 于艳.山东省产业竞争力研究[D].山东师范大学硕士学位论文,2003.

[②] M. Porter. Competitive Strategy: Techniques for Analyzing Industries and Competition[M]. New York: Free Press, 1980: 103 - 105. M. Porter. Competitive Advantage[M]. New York: Free Press, 1985: 79-82.

企业的营利能力取决于其在同行业中的位势，或高于同行业水平，或与同行业水平大体相当，或低于同行业水平，并据此定位，制定战略；反过来，企业可以通过影响上述5种力量来调整企业在行业中的位势和竞争优势。如果企业的经营业绩长时间优于行业的平均水平，那么它就具有持久的竞争优势和竞争力。

企业的竞争优势可以来源于低成本优势、差异化优势和目标集聚优势。其中，低成本优势和差异化优势是企业获得竞争力的两种最基本的决定因素；目标集聚是成本领先和差异化优势在活动范围限定下的一个衍生战略，包括成本的集聚和差异化的集聚。

（二）企业资源理论

企业资源理论是 20 世纪 80 年代中期由彭罗斯（Penrose，1959）、鲁梅尔特（Rumelt，1984）、沃纳菲尔特（Wernerfelt，1984）等学者在企业内成长论的基础上创立的[①]。这一理论认为，要发展为具有竞争力的企业，必须创造出一系列特有的其他企业难以模仿的稀缺优势资源——竞争力资源。一方面，企业要具有产生这种资源的动力机制，保证这种资源的不断更新；另一方面，企业

---

① E. Penrose. The Theory of The Growth of The Firm [M]. London：Basil Blackwell，1959：77-82. R. P. Rumelt. How Much Does Industry Matter? [J]. *Strategy Management Journal*，1991，12(3)：167-185. Routledge 著，李东红译.企业万能：面向企业能力的理论[M].长春：东北财经大学出版社，1998：29-38. B. Wernerfelt. A Resource-Based View of The Firm[J]. *Strategy Management Journal*，1984，5(2)：171-180.

要将资源放置于其行业环境中,通过与其竞争对手的比较来判断其价值优劣,并通过对优势资源的合理配置,转化为企业的优良业绩,呈现为强势竞争能力,在竞争场上具体表现为企业以可察觉的最低价格向顾客提供可察觉的最高使用价值。

根据这一理论,企业应首先确定专有资源,其次通过比较,判定最能发挥优势和效益的市场,然后组织实施企业战略。

(三) 企业能力理论

企业能力理论是 20 世纪 80 年代后期由普拉哈拉德(C. K. Prahalad,1990)、加里·哈默尔(Gary Hamel,1996)的核心能力理论和乔治·斯道柯(Gorge Stalk,1996)、菲利普·埃文斯(Philip Evans,1993)、劳伦斯·舒尔曼(Lawrence E. Shulman,1998)、大卫·蒂斯(David. J. Teece,1996)的整体能力理论发展而成的。[①] 核心能力是指企业具有明显优势的个别技术和技能的组合,是企业价值链的关键环节。整体能力是指知识、集体技能及员工相互交往方式的组织程序,强调的是价值链的整体优势。

企业能力理论把企业之所以能在较长时间内获得超额利润和持续的竞争力归因于企业内部能力、资源和知识的积累。它将企业看成一个知识密集体,是一个能力体系或集合,并处于动态

---

① C. K. Prahalad, Gary Hamel. The Core Competence of The Corporation[J]. *Harward Business Review*,1990,70(3):79-93. Gary Hamel. Strategy as Revolution[J]. *Harward Business Review*,1996(7-8):69-82. D. J. Teece, G. Pisano, A. Shuen. Dynamic Capabilities and Strategic Management[J]. *Strategy Management Journal*,1997,18(7):509-533.

的非均衡状态。能力是企业决策与创新的源泉,决定了企业的规模和边界,决定了多元化战略和跨国经营的广度和深度,决定了企业的竞争优势和经营绩效。[①] 因此,企业应当成为一个以能力为基础的竞争者,要在战略上培育整体能力系统;同时,要不断识别和开发竞争对手难以模仿的核心竞争力,在竞争场中创造竞争优势并获得超额利润。

总体来看,企业位势理论建立了"结构—行为—绩效"的思路与框架;企业资源理论则从分析产业环境和企业内部资源—制定战略并实施战略—积累战略资源出发,构建培育核心能力—赢得竞争优势—获得绩效的运作模式;企业能力理论则给出了分析企业内部环境—了解能力结构并制定、实施战略—建立保持核心能力—获得竞争优势—获得绩效的思路。企业位势理论以新古典经济学理论为基础,重视外部环境的研究;企业资源理论以内生增长理论为基础,研究企业的内在动力;企业能力理论则强调企业"人"的能动性,重视企业与环境的互动。

企业竞争优势理论从微观上解释了企业竞争优势和竞争力的起源、维持和提升的机理。企业面临不同的竞争层面,要想在不同层次的竞争场上角逐,必须在相应层面上构筑其竞争优势,培育其竞争能力。在经济全球化的大背景下,企业更多地面临全球竞争,成为国际竞争的当然主体。因此,如何培育服务企业的国际竞争优势和竞争力就成为提升大都市服务业竞争力的关键。

---

① 余伟萍.企业持续发展之源[M].北京:北京交通大学出版社,清华大学出版社,2005:99-127.

第二节 竞争力的场理论

产业竞争力的场理论,是试图将产业置于多维、动态的产业竞争场中,借助数学、物理学的分析方法和分析工具,全面、综合地考察与剖析其决定因素、识别途径和转化机制。

一、产业竞争场的概念

"场"本是物理学上的概念,原意是物质存在的基本形态之一,本身具有能量、动量和质量,而且在一定条件下可以和实物转化。物理学的"场"是一个矢量场,场内的每一个点都具有一定的位势。在物理学中,一切相互作用都可以归结为场之间的相互作用。后来,随着社会科学研究的不断深入,一些社会学者借用场的概念来解释社会经济现象,产生了很好的效果,由此衍生出许多新的概念,如社会场、企业场等。

本书参照物理学的"场"理论,借鉴有关"场"的衍生理论,提出"产业竞争场"概念。

产业竞争场包含原料、燃料、资金、劳动力、产品、技术等产业资源和影响产业资源功效的要素。各国产业相互作用、相互联系,形成全球性的产业竞争场。在产业竞争场中,各国产业表现出较为明显的竞争关系。根据产业经济活动的密度、作用范围等指标,可以将产业竞争场分为内场和外场。内场一般是指狭义的产业范围,是同类企业的集合体,产业经济活动密集,竞争激烈。外场是指产业经济活动与其他产业、市场、政府等相关联的部分,产业经济活动的密度较小、竞争较轻(见图2-3)。

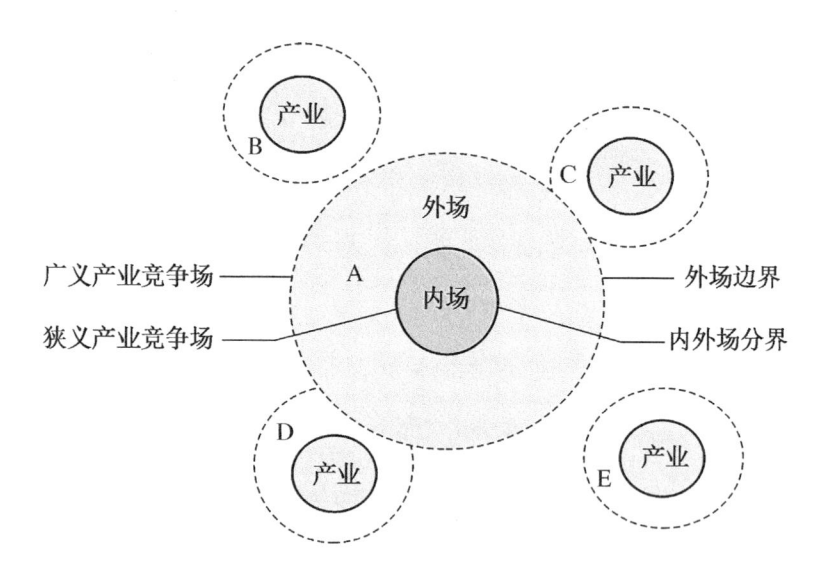

图 2-3 产业竞争场示意图

不同的产业竞争场可以有一定的相交、相离,这主要与产业的性质及产业间的密切联系性相关,也与产业资源具有一定的共用性相关,如 AD 之间、AB 之间。

产业竞争场具有以下特征:

1. 系统性

产业竞争场使不同的产业要素和组织关系形成一个统一的整体。

2. 开放性

产业竞争场可以通过一定的渠道,使场内外物质能量进行交换。

3. 层次性

同一产业竞争场具有多个层次,如含有竞争场、价值场等。

4. 要素作用的复杂性

产业竞争场中要素种类、数量繁多,相互作用,相互影响,使产业要素作用具有了复杂性。

5. 多样性

一个产业竞争场可以是连续的,也可以呈现"飞地形式"。

产业竞争场和物理场一样,也是一个矢量场。因为产业竞争场包括产业资源、产出活动等物质要素的"流动"及其增强和减弱,也包括产业组织、外部条件及各种关系的"更变",其中的变量是既有大小、强弱又有方向的矢量。各个矢量间相互作用、相互影响,并在一定的条件下相互转化。

根据产业竞争场中各矢量对产业产生的不同作用,我们将之分为生产要素型矢量、产业组织型矢量、产业条件型矢量和产出型矢量等类型。生产要素型矢量是指生产函数直接涉及的变量,如资本矢量、劳动力矢量、技术矢量等;产业组织型矢量是指产业经济活动过程中的组织变量,包括价值链矢量、产业集聚矢量、产业规模矢量等;产业条件型矢量是指影响产业经济活动的外部条件变量,如政府政策矢量、市场需求矢量、国际性机遇与挑战矢量等;产出型矢量是指标志产业生产能力的变量,包括产值矢量、成本矢量、科技矢量和质量矢量等(见图 2-4)。

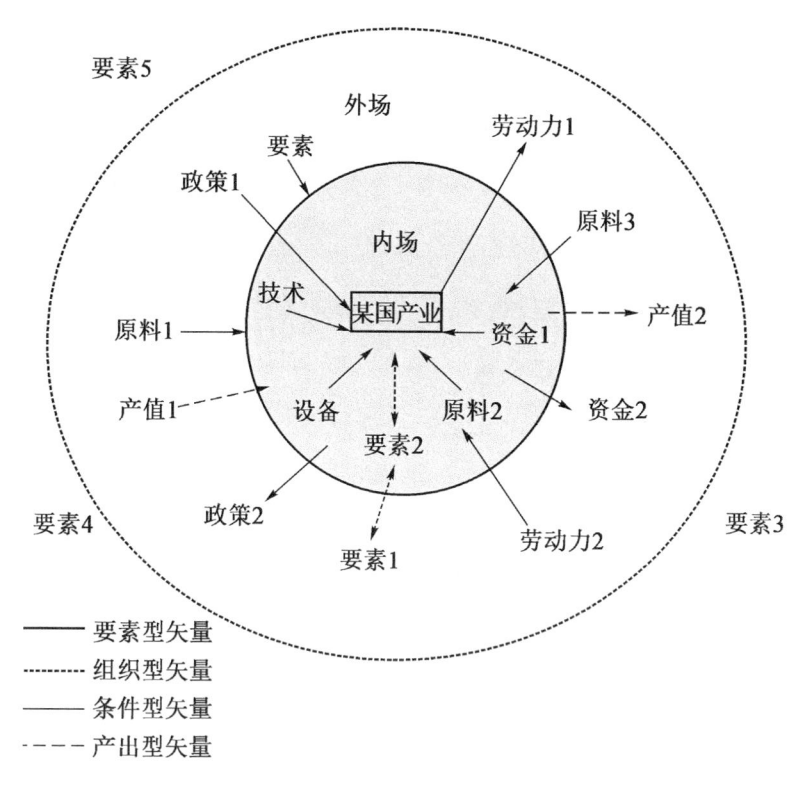

图 2-4 产业竞争场中的部分矢量

产业竞争场中各种变量通过一定的方式,相互作用,相互影响。生产要素型矢量是最基本的矢量,它直接决定产出型矢量;条件型矢量和组织型矢量则从不同侧面、以不同程度影响资本、劳动力等生产要素型矢量在产业竞争场内的布局和流动,加速或者延缓科技创新矢量等,来影响生产要素型矢量,并间接影响产出型矢量。由于许多矢量在产业经济活动中是通过某种交易进入产业生产过程的,因此这些矢量又可以分为产权矢量、契约矢量,前者是由于物的存在和使用所引起的人们之间的认可关系,后者代表的是一种物的买卖、抵押、租赁等关系的总和。

在所有的矢量中,科技矢量和成本矢量是产业竞争场上最重要的矢量。成本决定了产品的价格,而科技水平影响生产成本、决定产品性能。科技创新是推动成本降低的根本动力。一般来说,科技越先进,功能越强大,成本越低廉。因此,科技和成本矢量对产业竞争场中矢量的方向与大小变动起到很大的作用。但在某种意义上,成本矢量更具有解释力。

如果按照其在竞争场上的分布,产业矢量还可以分为内竞争场矢量和外竞争场矢量。前者分布于产业竞争场的内场,对产业的经济活动影响较大;后者分布于产业竞争场的外场,对产业经济活动的影响较小。从各矢量的指向来看,无论是外场中的矢量还是内场中的矢量,多数指向内场。因为在一般情况下,内场的成本较低,效益较好。有些矢量具有双向指向性:当外场成本高于内场成本时,该矢量指向内场;反之指向外场,如组织型矢量中的价值链矢量、产业集聚矢量,要素型矢量中的劳动力矢量、资金矢量。

二、产业位势与产业竞争力

产业竞争场的矢量场特性,决定了竞争场中的产业都是众多矢量的集结点。这一特性影响产业的经济活动,使处在场内的任一产业都具有一定的产能转化力和竞争力,即"产业位势"。产业位势是由产业竞争场中的矢量变量来支撑的。如果将产业竞争场中的产业位势与支撑它的矢量建立一个数学表达式,则一国(地区)某一产业的位势函数可表示为:

$$W = f(E_1, E_2, E_3, \cdots, E_n; D_1, D_2, D_3, \cdots, D_m; P_1, P_2, P_3, \cdots, P_a; Q_1, Q_2, Q_3, \cdots, Q_b) \quad (n, m, a, b = 1, 2, 3, \cdots, N) \quad (2-1)$$

式中,W 为产业位势;$E_1,E_2,E_3,\cdots,E_n$ 分别为该国(地区)的产业要素矢量,如产业原料、劳动力、技术创新等矢量变量;$D_1,D_2,D_3,\cdots,D_m$ 分别为该国(地区)产业组织矢量,如价值链矢量、规模矢量、产业集聚矢量等;$P_1,P_2,P_3,\cdots,P_a$ 分别为条件矢量,如政府政策、国际机遇等条件变量;$Q_1,Q_2,Q_3,\cdots,Q_b$ 表示产出矢量,如产出成本、产值、生产率、进口、出口等矢量指标。由(2-1)可见,产业位势函数 W 是由 E、D、P、Q 四个矢量簇决定的。

从静态来看,在某一较短时间内产业竞争场中的若干矢量可保持一定的稳定状态,共同决定产业位势的静态存在。若以产业竞争场的外边界作为"基面",对于处于产业竞争场中的某国产业来说,越是远离基面,靠近竞争场中心,则产业的位势就越高;反之,越是靠近基面而远离竞争场中心,则产业的位势就越低。

从动态来看,当产业位势函数(2-1)中的一个或者若干个矢量变量发生变化时,产业位势就有可能发生变化。在现实的产业竞争场上,所有矢量变量都处于不断的变化之中,有些矢量在加强,有些矢量在减弱,有些矢量保持不变。因此,各国产业位势也处于动态的变化之中。只要这些变化的矢量和不为零,那么 W 就发生变化。如果支撑产业的矢量变量之和增大,则产业的位势上升;反之,如果支撑产业的矢量变量之和减小,则产业位势降低。而且,一国(地区)的产业位势高低在一定情况下可以相互转化。一般情况下,一国(地区)产业在产业竞争场上的位势转化可分为两种模式。

(1) 产业位势上升模式

在产业基本条件不变的情况下,一国(地区)产业如果在政府的倾斜政策、有利的产业发展机遇、产业的重大技术突破等作用下,产生对产业资源的"吸聚效应",就可导致产业的位势上升。在产业经济活动的趋利性、产业竞争场上的压力与动力的作用下,企业一般采用扩大再生产方式,追加生产资本,扩大产业规模,超越竞争对手,力求更多的利润。这是产业经济活动中的一种自我加强机制,有力地推动了产业成长和产业位势的提升。

(2) 产业位势下降模式

在产业基本条件不变的情况下,一国(地区)产业如果遇到优惠政策减少、产业创新能力下降、外来挑战加剧等,就可能导致产业的效益下降。小企业在这种不利条件下可能破产,大企业则可能转变经营战略和方向,将资源转移到效益较好的产业部门,或者转移到发展条件较好的其他国家(地区)的同一产业中,造成该国(地区)该产业资本流失,生产力降低,产业位势下降。

在产业竞争场中,一个国家(地区)的产业都是在一定的产业要素和产业发展条件变量的作用下存在的,都具有一定的绝对位势,变量的绝对数量和强度特性决定了该产业位势的绝对高低;

同时，支撑各国（地区）产业位势的变量相对于某一参照系而表现的数量和方向特征，决定了一国（地区）产业位势的相对高低，使之具有了一定的相对位势。不同国家（地区）的产业位势处于相互作用、相互影响的动态变化之中。一国（地区）产业在产业竞争场中会同时呈现绝对位势和相对位势状态，绝对位势是基础，相对位势则通过与不同国家（地区）的产业位势相互比较而显示出来。

马克思主义哲学认为，世界是普遍联系的，任何事物、现象之间及事物内部要素之间都存在着联系，即事物现象之间及事物内部要素之间存在着相互依存、相互影响、相互制约、相互作用与相互转化的关系。联系具有客观性和永恒性，每一种联系都由相互排斥与相互联结的两个方面组成，并处于对立统一之中。同时，世界上充满着矛盾，任何事物都包含着许多矛盾，成为矛盾的统一体。复杂事物是复杂矛盾的统一体。矛盾对立双方相互作用，共同推动事物的发展。矛盾的发展是不平衡的，其中主要矛盾和矛盾的主要方面决定着事物的性质和发展的方向。

根据上述哲学原理，在产业竞争场上，一国（地区）的高位势产业与低位势产业之间也是密切联系的对立统一体。它们之间能够相互影响和相互转化：低位势产业与高位势产业在一定的条件下具有相互促进、共同发展的一面。低位势产业的提升能够促进高位势产业的发展，而且，低位势产业能够在一定的条件下转化为高位势产业。一国（地区）低位势产业与他国（地区）的高位势产业之间存在着矛盾，双方相比较而存在，相斗争而发展，其位势在一定的条件下可以相互转化,但这种转化是通过其中的主要因素的变化而实现的。这就是产业位势在一定条件下可以相互转化的哲学基础。

产业竞争力是一国(地区)产业与其他国家(地区)的该产业综合比较而呈现出来的竞争优势的大小及排列位置,而产业位势是产业要素条件、组织条件和产出条件等所有变量的结合体。因此,产业位势实质上是产业竞争力的最重要的表征形式,对于某一国家(地区)的某一产业来说,产业位势与产业竞争力呈正相关关系。也就是说,产业在产业竞争场上的位势越高,在国际竞争中表现出的竞争力就越强;反之,产业在产业竞争场上的位势越低,在国际竞争中表现出的竞争力就越弱。相对绝对位势而言,不同国家(地区)产业的相对位势更能直接地显示出其产业竞争力的强弱。

如果用函数表示产业竞争力与产业位势之间的关系,则其可表示为:

$$C = k \cdot W \tag{2-2}$$

式中,C 为产业竞争力,k 为系数,W 为该产业的位势。由(2-2)可以看出,在产业竞争场上,产业的竞争力是 W 的正比例函数。

结合函数(2-1)和函数(2-2),我们可以得出以下结论:

产业竞争力较弱,则产业在竞争场中位势较低;产业竞争力较强,则与产业在竞争场上较高的产业位势相对应。由较低的产业位势上升到较高的产业位势的过程,代表着一国(地区)产业竞争力由弱变强的过程。一般而言,提升一国(地区)产业竞争力,可以通过改变位势函数中的一个或者多个矢量变量、增大 W 的值、提升竞争场上的产业位势来实现。也就是说,一国(地区)产业要想在产业竞争场上立于不败之地,就必须充分利用各种产业发展的有利条件,提高产业资源的质量和数量,优化产业组织,增强生产能力,推动产业位势的上升,以提升产业竞争力。当然,要扭转一国(地区)产业的弱势,促使其向强势产业转化,必须适度调节竞争场上的某些产业要素矢量、产业组织矢量和发展条件矢量,努力提高产业位势。一国(地区)要保持其国际竞争的优势地位,必须保持其位势函数中变量的优势地位。

三、服务业强弱势地位的转化机制

(一) 推动服务业地位转化的基本变量

推动服务业在竞争场上强弱势地位转化的基本变量主要有产业资源变量、产业组织变量、产业外部发展条件变量和产出变量等。

1. 产业资源变量

产业资源变量是指服务基础设施、资金、劳动力、技术创新等产业要素。它是在产业竞争场上决定服务业竞争位势的基本矢量变量。因为这些产业要素是生产函数中直接涉及的,其质量、数量直接决定了服务业的生产能力。尤其是其中的劳动力变量和技术创新变量,它们在知识经济日益发展的今天愈加重要。

在知识密集型服务业的生产函数中,科技变量的贡献占有绝对的优势,而且随着科技知识更新换代速度的加快,其重要性日益提高。因为科技的不断发展使服务业对传统资源的依赖日益减少,这极大地提高了劳动效率,降低了成本。同时,要求普通服务业劳动力具备较高的素质,服务领域的技术工作者也要具备较强的创新能力。

发达国家(地区)服务业依靠科技创新的领先优势,带来了服务业的低成本优势,在竞争场上造就了较高的产业位势,形成了很强的竞争力。发展中国家(地区)服务业竞争位势的提高和竞争力的培育,必须最终依靠科技创新和成本的降低来推动,着力调节技术、劳动力变量,适度加强资本变量。

2. 产业组织变量

服务业组织变量往往是造成产业在竞争场上位势低下的重要变量之一。影响服务业组织的变量很多,其中服务业规模、价值链、服务业集聚等是最重要的变量。在产业竞争场上,服务业面对的是全球竞争。服务业规模是降低成本、形成较大市场占有率的基本保证。特别是一些高科技服务业,由于研发投入高、风险大,必须通过适度垄断、扩大规模,以在竞争场上占有一席之地。许多大型服务类跨国公司的全球经营战略首先是通过规模支撑的。

价值链是产业竞争场上的关键矢量之一。一方面可以通过构筑科学的价值链,增大产业规模;另一方面,可以根据国情,抓住某些关键环节,重点突破,达到提高产业位势的目的。

服务业集聚也是产业竞争场上重要的组织变量，它可以根据区位优势和产业特点，优化行业空间布局，合理配置资源，提高效率，增强产业位势。其中，组织行业或企业的优势簇是提高服务业竞争力的有效措施。

3. 产业外部发展条件变量

服务业外部发展条件的有关矢量，如国家（地区）的产业政策、产业经济制度、市场需求、国际机遇与挑战等，虽然不直接参与服务业的生产，但对服务业竞争位势具有调节作用。

产业政策包括产业的组织政策、结构政策、布局政策和科技政策等，它可以通过一系列行政手段、财政手段、税收手段等，干预产业要素的流向，激发产业技术创新，分担风险，保证服务业在一定时段内获得一个"优越"的成长环境，从而迅速提升服务业的竞争位势，增强服务业竞争力。

相比产业政策，产业经济制度对产业竞争位势的影响更加长远。制度形成需要较长的时间，且其具有较大的惯性，变化比较缓慢。但是，制度规定着产业的组织方式，规定着创新环境和机制。制度的变革往往对服务业竞争位势的提高起到很大的作用。

市场需求环境变量规定了服务业发展的方向。顺应国际市场的需求，生产出符合国际市场需要的产品，是服务业"登上"国际竞争场的基本条件。

国际机遇与挑战等变量则为服务业发展提供了新的平台。充分利用国际机遇变量的有利影响，努力减轻外在挑战变量的不利影响，也是推动服务业位势提升的重要措施。

4. 产出变量

产出变量主要包括成本、增加值、生产率、进口、出口、服务品类等变量。它们对服务业竞争力具有综合性、直接性的影响。如对于成本变量来说，它本身是上述三类变量综合作用的结果，如果通过一定的措施，降低成本，则会使服务产品在国际市场上的占有率提高，直接提升产业位势，增加产业的竞争力。如果成本上升，产业位势会降低，服务业竞争力会进一步下降。再如服务的品类变量，如果有效地调整服务结构，增加品类，满足不同偏好的消费者，必然会扩大市场，提升服务业的竞争位势；反之，则进一步降低服务业的竞争位势。适度调整出口、进口变量，对提升服务业的位势将起到很好的效果。

（二）服务业地位转化的基本路径和条件

根据服务业的竞争场理论，服务业位势在产业竞争场上是可以相互转化的，其基本路径有以下 6 条，分别向着不同方向发展：

1. 优势—均势—劣势

优势产业由于若干不利条件的影响，发展受到制约，从而沦为均势产业乃至劣势产业，最终退出产业竞争场。

2. 均势—劣势

均势产业由于若干不利条件的影响转化为劣势产业，乃至最终退出产业竞争场。

3. 劣势产业的劣化

劣势产业在许多不利条件的影响下出现位势进一步降低的情形,最终退出产业竞争场。

4. 劣势—均势—优势

劣势产业由于若干有利条件的影响转化为均势产业,乃至最终成为优势产业。

5. 均势—优势

均势产业由于若干有利条件的影响转化为优势产业。

6. 优势产业的强化

优势产业在许多有利条件的影响下,形成自我强化的正反馈过程,产业位势继续上升。

(1) 影响服务业位势转化的不利条件

① 技术创新能力下降,或者技术创新的速度慢于竞争对手,导致产业技术先进性丧失。

② 经济制度的先进性不再明显,产业进行组织创新的效率降低。

③ 政府对某些产业支持度降低,将直接导致产业资源的流失,使产业位势降低。

(2) 影响产业位势转化的有利条件

① 获得政府的支持和良好的国际发展机遇。

② 自我创新能力不断加强。

③ 向先进的竞争对手学习并模仿,使产业形成资源的累积机

制,进而提升产业位势(见图 2-5)。

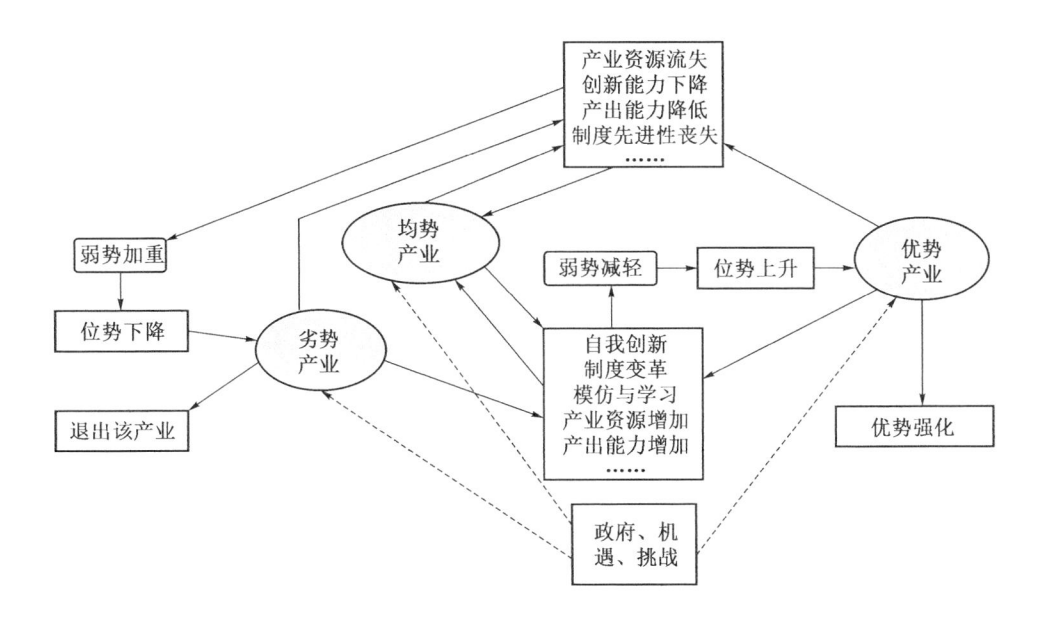

图 2-5 服务业位势及其转化机制示意图

服务业位势是处于不断变化之中的。即便处于优势地位的服务业部门,也会由于若干原因转化为劣势产业。三十年河东,三十年河西。一时的强弱不足为奇,关键是看各自在竞争场中的表演。谁能未雨绸缪、运筹帷幄,谁就能成为最终的赢家。

由于产业竞争场中变量的多样性、相互作用的复杂性,在具体实践中,通过增强产业竞争场中的所有矢量来提升产业位势,推动其向强势产业转化,是不可能的。但是,可以根据各个变量的关联性、带动性和对产业位势作用的差异性等特征,结合产业位势低下的原因,选择其中的若干关键变量,对其进行有效的调控,达到提升服务业位势、提高其竞争力的目标。

小　结

　　服务业发展需要要素投入,形成产出,具有明显的增长特征。随着科技进步和人类社会的发展,服务业增长又呈现出明显的阶段性特征。服务经济活动必须在一定空间上进行,服务布局及其调整是服务业发展的重要基础。然而,在经济全球化的今天,大都市服务业处于全球竞争场上,是一种竞争经济,增强竞争力是服务业发展的灵魂。正是基于上述考虑,本章主要对服务业发展的竞争力理论进行了梳理和拓展。服务业发展的竞争力理论主要包括竞争优势理论和竞争力的场理论。它们从不同层面对大都市服务业国际竞争力的形成和发展构成了强有力的支撑。

第三章

大都市服务业发展的一般战略分析

第一节 大都市服务业发展的总体思路

一、大都市服务业发展的一般思路

大都市服务业发展应当基于国际化、全球化的开放环境,依据服务业发展的有关理论,结合城市发展的职能定位,借鉴大都市服务业发展的一般经验,不断转换服务业增长的要素结构,优化产业结构和空间布局,采用非均衡战略,培育、增强服务业国际竞争力,提升大都市在世界城市体系中的能级与等级,推动大都市服务经济的发展。具体而言,大都市服务业发展应注重以下几个方面:

1. 集聚管控资源,转换资源结构

国际经验表明,大都市服务业发展的资源依托主要是信息、技术、物流、高层次人才、咨询与管理等。这些资源大多具有垄断性以及时间和空间管理的控制性等功能。大都市服务业发展的规模、水平,取决于管控资源的集聚能力与集聚水平。一般而言,大都市在服务业发展过程中,应随着科技进步与发展阶段的变化不断转换其资源结构,从依靠自然资源转变为更多依靠人工资源,从依靠地方传统资源转变为通过吸聚跨国公司总部,以构筑全球信息网络、交通网络、城市网络等,动用全球高层次人才、国际金融资本和高新技术来推动服务业的快速增长。

2. 抓住关键,培育服务业"龙头"

大都市服务业发展应当"有所为有所不为"。对某些服务业部门,特别是那些市场需求旺盛、发展潜力大,对国民经济发展具有战略性、关联性和带动性作用,可以促成整体服务业及其国际竞争力大幅上升的部门,应重点发展,优先做大,使之成为能够带动整个服务业快速发展的"龙头"。

3. 大力发展生产性服务业

生产性服务业主要是指直接作为工业企业的中间投入、作为商品交换过程一部分的流通和金融服务、与新生产结构相适应的人力资本所需要的服务、对整个生产体系进行空间上协调和规制所需要的服务等服务部门①。现代企业生产对专门服务有着巨大的需求,产品的可行性研究、风险资本投资、产品概念与设计、市场研究、质量控制、设备租赁、保养与维修、会计、人力资源管理、保险、广告、运输、销售等服务,贯穿了企业从研发到生产再到销售的全部过程。"生产性服务提供了产品增加总值中越来越大的部分","是人力资本、知识资本和技术资本进入生产过程的桥梁","是形成产品差异性和企业之间进行非价格竞争的重要手段"。② 因此,大力发展生产性服务业,对于扩展大都市服务业十分重要。

4. 优化产业布局与结构,提升在世界城市体系中的地位

大都市作为全球城市体系的重要结点和全球经济的重要支点,具有丰富的创新资源、旺盛的创新活力。面对广阔的国际、国内市场,大都市具有很强的经济柔性,是引领全球服务经济发展的"引擎",其服务业的发展在广泛而深入地参与国际劳动地域分工的动态变化中推进,具有高层次性和全球性。因此,大都市要面向国际市场,不断调整产业结构,优化空间布局,提升城市能级和在世界城市体系中的地位,以促进服务经济快速发展。

---

① 黄维兵.现代服务经济理论与中国服务业发展[M].成都:西南财经大学出版社,2003.
② 郑吉昌.生产性服务业与现代经济增长[J].浙江树人大学学报,2005(1):27-32.

5. 注重提升大都市服务业的国际竞争力

在经济全球化不断推进的今天，国际投资和国际贸易自由化发展迅速，服务资源在全球范围内快速流动，竞争无处不在。对于一个开放的大都市来说，既面临获取资源的机会，又面临自身资源被吸引流失的危险；既面临在全球市场参与竞争、获取广泛的国际分工带来的种种利益的机会，又面临与更强大的竞争对手抗争的风险。在这种背景下，大都市服务业发展与扩张必须建立在不断提升国际竞争力的基础之上。因此，大都市服务业国际竞争力的提升是大都市服务业发展的"主线"。

二、大都市服务业发展的战略选择原则

选择科学的战略是大都市服务业发展的重要一环，在此过程中应当遵循以下基本原则：

1. 时序性与非均衡性原则

时序性原则又称选择性原则，是指在大都市发展服务业时，不是同时对每一个服务业部门平均用力、全面培育，而是根据服务业在大都市国民经济中的重要性、发展的紧迫性、基本发展条件和培育成功的可能性，来精心选择，主次分明，分步实施。非均衡性原则，是指发展服务业时要突出重点、兼顾一般，即通过对关键性部门的培育带动整体服务业水平的提高。具体而言，应当重点培育那些对国民经济带动性较强的产业或者"瓶颈"服务业部门。

2. 效益性原则

效益性原则又称成本最低原则，是指服务业发展应当充分考虑投入—产出效益，也就是说，对服务业发展应当充分注意条件的成熟度。对于一些现在没有条件、将来很长一段时间也难以获得发展条件的服务业部门，投入—产出效率较差，在近期不应列入发展的重点；对于具备一定的发展条件或者通过一定的措施在近期就能获得较好发展的产业，投入—产出效率较高，应当作为重点培育的对象。

3. 可操作性原则

可操作性原则是指在选择服务业发展战略时，要以符合国家、大都市整体发展战略，并与大都市的社会、政治、经济、文化环境相适应，具有可实施条件为原则。对于这类服务业发展战略，应当将其纳入大都市的近、中期发展规划中，力争早日实施，从而使服务业的整体水平得到迅速的提升，使国际竞争力得到迅速的提高。

4. 可持续发展原则

可持续发展是20世纪70年代末期兴起的一种新发展观，它要求社会经济的发展是一种既能满足当代人的需要又不损害后代人发展需要的发展。可持续发展是一种兼顾发展、公平、效率、生态等多重目标的发展方式。当前，面对气候变暖的加剧和人类发展所带来负效应的加重，可持续发展越来越为世界各国所认同，推行可持续发展是人类发展的必然趋势。因此，大都市服务业发展应当遵循可持续发展的原则。

5. 动态性原则

动态性原则是指在制定服务业发展战略时,应充分考虑服务业竞争优势的动态性。由于产业在不同经济发展阶段的动力机制是不同的,服务业发展必须坚持动态性原则,坚持做到:

(1) 长期性战略与短期性战略相结合,在服从长期战略的基础上不断修正短期战略,以适应外部环境的变化,并通过这种不断修正的累积,实现长远战略的合理转变。

(2) 善于捕捉环境的变化,及时做出战略调整,要勇于通过创造性的思维,抓住机遇,实施超越战略。

6. 综合性原则

任何一个产业的发展都需要相关产业和相关政策的支持。服务业发展具有"木桶效应",必须同时考虑相关产业的发展和相关政策的配套。影响服务业发展的因素很多,任何一种战略只是针对某一时段的某一些因素来满足某一个目标的。因此,应当根据多重目标,采取由多种战略组成的、综合性的"一揽子战略",发展服务业。

第二节 大都市服务业发展的基本战略

可供大都市选择的发展服务业的战略很多,一般分为环境战略、产业要素战略和组织战略三类。

一、环境战略

环境战略是指通过优化产业环境来促进服务业发展、提升其竞争力的战略,包括产业结构政策战略、产业布局政策战略、产业技术政策战略和产业组织政策战略等。

(一)产业结构政策战略

产业结构是指产业内部各个产业部门之间的组合形式及其量的关系和比例。产业结构政策的实质是利用财政、税收等工具调整资源在各产业部门之间配置的比例关系,调整各部门的发展速度,以达到资源的最优配置和部门之间的最优组合。大都市服务业的发展在一定程度上决定了其产业结构的形成与发展。反过来,良好的产业结构也有利于大都市发挥自己的比较优势和竞争优势,从而使服务业的发展能够适应世界产业结构的变化和国际市场需求的变化。

服务业产业结构对其本身发展的影响也很大。如果一个大都市缺乏产业结构调整的能力,它就无法跟上国际产业结构升级的步伐,无法使得自身产业的发展适应世界市场的需求,其服务业发展也难以实现。因此,有效的产业结构政策是大都市发展服务业的重要战略,它通过一定的财政、税收等宏观调控杠杆对某些服务业加以扶持,提高该产业在整体产业中的比重,加快其发展速度,扩大其产业规模,增强其产业竞争力,促进服务业结构升级,进而推动大都市服务业的快速发展。

(二) 产业布局政策战略

产业布局政策是基于产业资源的空间分布不均衡,对不同的产业或者同一产业不同环节的布局实行一定的政策诱导,使它们布局在最具区位优势、资源优势和综合发展优势的地区。由于产业的发展最终要落实到一定的空间中来实现,因此,良好的发展环境和布局条件是引发产业集聚、形成产业竞争力的重要条件。

例如,印度对班加罗尔等软件园的支持政策,造就了其软件业的集中布局;纽约的综合服务业政策支撑了现代服务业集群的产生;东京服务业布局及服务业集群的发展也是在政府强力的布局政策作用下产生的。这些地区之所以造就、支撑了上述现代服务业的发展,就是因为它们具备有利于产业发展的微观环境。而这些良好的微观环境与服务业的有机结合与政府强有力的产业布局政策的支持是分不开的。

在全球竞争中,某些产业发展水平的低下往往是由于缺乏产业发展的良好环境造成的。合理的产业布局政策可以使该类产业向最有利于其发展的地区集聚,从而获得良好的发展环境,逐步形成产业竞争力。当然,一个大都市要想在较短时间以较少的代价,形成支撑所有现代服务业发展的最佳环境是不现实的。因此,服务业发展应当特别注重一些典型区域的政策,着重培育少量的具备一定发展条件的"微观环境",如软件园区、金融贸易区、自由港区、CBD 或 SUB-CBD 等,让它们充当服务业发展的"增长极"和产业的"孵化基地",推动服务业的快速发展。

(三)产业技术政策战略

科技是第一生产力,是决定产业发展的关键因素。20世纪50年代索罗提出新的经济增长模型,将科技这一通常被视为外生变量的因素纳入内生变量。1962年阿罗提出了"干中学"模型,认为人们通过学习获得知识,而知识带来技术进步,技术进步的积累则带来生产力水平的递增。20世纪80年代中后期罗默、卢卡斯等抛弃了新古典经济学关于投资边际收益递减的假设,在研究产出规模收益递增规律的基础上,提出服务业发展不仅来源于自然资源等先天性的要素,更来源于科学技术。[1]

从实践上看,18世纪60年代以蒸汽机为代表的第一次技术革命在英国发生,英国成为"世界工厂",英国服务业发展水平大大提高;19世纪后半叶,电力与汽车技术引发的第二次技术革命导致了欧、美、日服务业竞争力的极大提高;20世纪中期发生的以电子计算机为代表的第三次技术革命促进了发达国家的高新技术发展,服务业逐渐成为国民经济发展的主动力,亚洲"四小龙"等新兴工业化国家或地区承接了发达国家的产业技术转移,提高了其服务业竞争力。技术对服务业发展的影响主要表现在以下三个方面:

① 直接影响服务的成本。较高的技术水平往往带来较高的劳动生产率,从而使服务的平均成本降低。

---

[1] 曼昆.宏观经济学[M].北京:中国人民大学出版社,2016:240-280.

② 影响服务的质量。不同的技术水平往往使服务具有不同的品质。在非价格因素中,技术水平是决定服务业竞争优势的根本因素之一。

③ 可以源源不断地提供新型服务。

产业技术政策战略,就是通过合理的产业科技政策,促进产业科技创新,推动服务业发展水平的提高。这主要表现在以下几个方面:

① 通过一定的税收手段,支持服务企业的技术更新换代,特别是针对技术先进程度和更新速度实行有差别的税收制度,对采用新技术的服务企业实行较低的税率,对技术水平较低的服务企业征收较高的税率,促使企业形成技术更新换代的内在动力机制。

② 通过财政手段,如提供低息贷款、政府提供一定的入股资金等,为服务企业的科技创新提供资金支持和保障。

③ 建立风险投资资金,并引导风险投资流向服务业的科技创新。

④ 支持建设特定服务业的科技创新示范园区和科技创新基地。

⑤ 支持特定服务业科技创新的国际交流与合作,如合资组建研发机构,积极引进服务业投资等,学习消化国外的先进技术,进行二次创新和超越。

(四)产业组织政策战略

"产业组织政策是指政府为了获得理想的市场绩效,实现资源的优化配置而制定的干预与调整市场结构和市场行为的一种产业政策",其核心是通过协调垄断和竞争的关系,克服垄断的弊害,获得规模经济等有利于资源有效配置的益处,实现有效竞争。[①] 产业组织政策在产业政策中处于核心地位,因为产业政策一般按照产业布局政策—产业结构政策—产业组织政策—产业技术政策的顺序来实施,它处于落实产业布局政策和产业结构政策、促进技术政策实施的重要地位。

在依靠合理的产业组织政策提高大都市服务业发展水平方面,不乏可以借鉴的成功模式,如:

1. 美国模式

这是以美、英、法、德等发达国家为代表的模式,其内涵表现在如下几个方面:

① 以反垄断和反不正当竞争、维护竞争秩序的正常运转为核心。

② 政府对微观主体的政策较窄,经历了一个从较强的规范制约到"放松规制"的过程。

③ 重视中小企业的发展。

2. 日韩模式

这是以日本、韩国为代表的后起资本主义国家采用的模式,其内涵表现为:

---

① 谢地.经济全球化背景下的中国产业组织政策[J].上海:上海财经大学出版社,海派经济学,2003(2):28-47.

① 从实用主义的立场制定产业组织政策,以规模经济为基本的产业政策导向,采取有限的垄断政策。

② 政府对微观主体采取广泛的直接规制政策。

③ 实施有效的中小企业政策。

产业组织政策对服务业的支持主要表现在以下几个方面:

① 通过对产业市场结构的监控、协调,调整市场的集中度和产品差别化程度,保持合理的市场进入壁垒。

② 通过对企业的价格、非价格行为和自组织行为进行监控与协调,规范其市场行为。

③ 改善产业资源的不合理配置状况,特别是针对某些具体部门实施分类指导性的规范、措施,如防止过度竞争的规制,产品或服务在价格、质量、数量方面的规制及生产设备的规制等。

国际上一些大都市十分注重通过产业组织政策创新,促进其现代服务业的发展。如巴黎原来作为国际金融中心的地位并不高,20世纪80年代法国政府放松金融管制,使巴黎的外国银行数量急剧增加,金融中心地位加强,并最终于1988年超过香港成为排在世界第三位的国际金融中心。

与巴黎类似,20世纪80年代初的东京在国际金融市场上还是一个无足轻重的角色,但随着1984年日本政府实行金融自由化政策以及日本经济实力的不断增加,短短几年东京就成为国际金融市场上的三巨头之一,与伦敦、纽约并驾齐驱。

1986年10月,英国伦敦证券市场开始了一场被称为金融"大爆炸"的变革,允许本国或外国金融机构申请成为交易所成员,交易所成员公司可兼有证券交易商和经纪商的双重身份,取消固定佣金制,设置电脑自动报价系统等①,使伦敦作为世界金融中心的地位得到了进一步加强。

20世纪90年代以来,新加坡、大阪、台北等地纷纷出台金融业发展政策,与香港竞争远东金融中心的地位,客观上刺激了这些大都市的金融业发展②。

二、产业要素战略

产业要素战略是指集中发挥要素资源的比较优势和竞争优势,推动服务业形成和发展的战略。它包括成本领先战略、科技领先战略、特色战略、跨国公司的双向投资战略等。

(一)成本领先战略

在竞争场上,价格水平是决定服务业竞争力大小的重要因素之一,尤其是信息业、运输业、金融保险业等服务行业,降低服务收费是增加竞争力、推动快速发展的利器。低服务收费或低服务价格,必须保证低服务成本。因此,成本领先是服务业获得竞争优势、实现快速增长的重要战略。如香港长期以来依托自由港政策,推行低服务价格,极大地支持了服务业发展。新加坡也十分

---

① 曾坚.美国证券内幕交易监管机制之研究[D].复旦大学硕士学位论文,2000.
② 宁越敏.新的国际劳动分工世界城市和我国中心城市的发展[J].城市问题,1999(5):3-7.

注重通过构筑自由贸易区等政策支持,降低服务成本,从而创造了较大的服务价格优势,其服务业也因此获得了迅速的发展。伦敦 20 世纪 80 年代中期借助于取消固定佣金制、设置电脑自动报价系统等措施,大幅度降低了金融服务成本,从而推动了金融服务业发展,国际金融中心的地位也得到了加强。

(二) 科技领先战略

科技领先,可以使企业提高劳动生产效率,大幅度降低成本,并带来整个产业平均成本的降低。同时,先进的管理技术、管理经验还会形成科技含量高、质量好的服务,提高服务的整体质量,增强服务的竞争优势。目前,我国许多服务部门之所以竞争力较低,其原因就在于这些部门的技术水平落后,服务成本较高,服务质量较差,以致在国际市场上缺乏价格优势和质量优势。因此,大都市要努力提高劳动者的素质,提高企业的科技创新能力,使企业能够拥有科技领先的优势。只有这样,才能使产业保持成本领先的优势,进而获得快速的发展。

(三) 特色战略

所谓特色战略,就是要创立与众不同的产业竞争优势。产业特色优势往往具有很强的排他性,难以被他国的厂商模仿、窃取和赶超。从金融业来看,同是国际金融中心的纽约、伦敦、东京和法兰克福等大都市各自有着不同的特点:纽约是金融产品的创新中心;伦敦是全球金融操作的平台;东京主要提供原材料、货币资本等,是其他两个城市的"种植园"①;法兰克福则是欧洲的商务中心,银行通过伦敦开展全球业务②。通过培育特色来推动服务业发展,应当从以下三个方面着手:

① 培育特色资源,即培育基于自然资源、地理位置、高素质的劳动力、极强的筹措资金能力等方面的优势,借此促使服务业获得竞争力。

② 培育特色服务品牌,即开发国际市场上具有需求而其他国家的同一产业尚未开发的新服务,并以此形成特色品牌,从而为服务业获得国际竞争优势与国际竞争能力提供有力支撑。

③ 培育特色技术,并垄断这些特色技术,使依赖这一特色技术的特定产业长久地占据技术的领先地位,形成支撑产业竞争力提升的动力源泉。

(四) 跨国公司的双向投资战略

所谓双向投资战略,是指在开放的条件下,通过引导服务企业积极地引进外资和适度地对外投资,来达到促进服务业发展的战略。该战略的核心思想是,一方面依靠大都市的市场优势、劳动力资源优势和某些产业发展需要的自然资源优势等,吸引外商对该产业进行直接投资,以此来弥补产业发展的资金不足,并通过外资企业的技术外溢和示范作用,来获得相关技术,促进该服

---

① 苏雪串.西方世界城市理论的发展和演变综述[J].现代城市研究,2006(12):56-59.

② Peter J. Taylor. Regionality in the World City Network[M]. New York: UNESCO,2004:361-371.

务业的快速发展和竞争力的提高;另一方面,通过适度对某些发达国家进行"上行投资",利用它们先进的服务业基础设施、高素质的科研人员进行产业创新,学习其先进技术和管理经验,以绕过东道国(地区)的某些壁垒,开拓市场,增加出口,促使服务业竞争力的提高。

三、组织战略

组织战略是指充分发挥组织环节对服务业发展的作用,推动服务业竞争力的形成。它包括规模经济战略、簇群战略、价值链战略、先发优势与后发优势战略等。

(一)规模经济战略

在现实经济发展中,产业规模的变化通常带来效率的变化。随着产量的增加,企业平均成本会降低,这种现象被称为规模经济。具备规模经济的产业本身就意味着其竞争力的增强。不仅如此,它还通过影响市场结构,借助不完全竞争增加规模经济的效率,进一步强化了该产业的竞争力。发展服务业应当充分重视规模经济战略,发展规模经济。

发展规模经济,提升服务业竞争力,可以从以下几方面进行:

第一,扩大企业规模。通过产业内的一家或者几家大型企业的发展,来促进其自身规模的扩大和国际竞争能力的提高,以带动本产业竞争力的提升。

第二,形成集团规模。借助关联企业组成企业集团的形式,推进服务业规模经济的发展。

第三,构筑群体规模。通过若干相关联的中小企业在一定地区的集聚以及各个企业之间密切的分工合作,发挥群体的力量,构筑产业的规模经济,提升服务业发展水平。

第四,塑造品牌规模。品牌作为一种强大的无形资产,具有很强的维系能力。通过统一的品牌,将研发、营销等企业"捆绑"在一起,形成服务业的规模经济,也是促进服务业快速发展的一条重要措施。

许多国际大都市都曾借助于规模战略推动自身的服务业发展,如纽约、东京服务业增加值都超过 6 000 亿美元。巨型服务类跨国公司、以 CBD 或 SUB-CBD 为核心的综合服务业集群、众多一流的服务品牌等是伦敦、纽约、东京、新加坡、香港、巴黎等国际大都市服务业规模经济的重要表现形式,也是推动其服务业高度发达的重要因素。①

(二) 簇群战略

20 世纪 20 年代,马歇尔(Marshall, A.)从企业的外部经济性角度研究外部竞争环境,开启了簇群理论研究的历程。② 20 世纪 80 年代之后,随着世界经济形势的发展,簇群理论的研究不断深入。

---

① 麦挺,徐思嘉等.上海建成国际金融中心的四大难题[J].上海经济研究,2004(5):35-38.

② 林平凡,陈诗仁.企业聚群竞争力[M].广州:中山大学出版社,2003.

簇群是指在特定的领域内相互联系并在特定的地域上形成集聚的公司和机构的集合①。它包括在竞争中相互作用、相互联系的产业和实体,如专业化投资的供应商、专业化基础设施的提供者、销售渠道和客户、辅助性生产的制造商、专业化培训、研发机构等。簇群内企业彼此接近,经济活动密集,不同企业通过纵向的分工和横向的协作形成密切竞争与合作并存的企业网。簇群之间可以相互支持,其内部的基本机制主要包括资源的合理配置机制、促进创新机制、增加市场机会和拓展新业务的机制等。

簇群的形成主要源于历史因素,但特殊的环境也会促成簇群的产生。已有的簇群可以为新簇群的发展创造有利条件,但簇群构造时仍然需要考虑:区位是否合适;如何因地制宜,发挥就地参与优势,保持集体协作;如何逐步实现簇群的升级,即从简单、低级的簇群向高级、复杂的簇群发展。簇群一旦形成,往往出现一个自我强化的过程,这种过程在有政府支持和地方竞争富有活力时更加明显②。

簇群是企业产生积极的外部性、提高企业竞争力的重要组织形式,可以在一个微观的地域范围内形成有利于产业发展的良好环境。簇群不仅是一组企业,而且是一组有价值的经济、政治、文化关系簇,它往往形成一个市场、投资场、竞争场、合作场和发展场,代表一种新型的关于地理位置的内涵,是国家、地区、都市经

---

① 邱成利.产业集聚与小城市发展战略研究[D].大连理工大学博士学位论文,2001.
② 程工等.中国工业园区发展战略[M].北京:社会科学文献出版社,2006:101-112.

济的一个显著现象,是支配世界经济地图的重要因素。在近30年的实践中,美国的硅谷、中国台湾的新竹、印度的信息产业园等都验证了这一理论的实用价值。

对于服务业来说,通过优势簇战略提升其竞争力是可行的。特别对于发展中国家的大都市,在不具备宏观发展环境的情况下,通过集聚人力、物力与财力,构筑微观服务业发展的"基地",提升其竞争力,改变其在全球竞争中的劣势地位,具有很大的现实意义。簇群战略在其他国际大都市服务业的发展过程中也起到了非常重要的作用。如纽约的金融产业群、媒体产业群,伦敦城的金融产业群,东京新宿的综合服务产业群等分别支撑了各自国际大都市的发展。

(三)价值链战略

所谓价值链,是指在一个特定的行业中开展竞争的所有活动,包括生产、营销、传送、产品的服务及投入品采购、技术、人力资源、其他辅助基础设施的提供等构成的相互关联的价值链接。价值链可分为上游环节和下游环节,各个环节之间相互衔接,密切配合,上游环节直接对下游环节产生影响。图3-1反映的是制造业的价值链而非服务业价值链,但它为大都市的服务业发展提供了借鉴。

首先,不同大都市可以依据不同的要素比较优势形成自身服务业的竞争力。例如,教育发达、专门研究人才丰富、人力资源比较优势明显的大都市可以从事价值链上游的活动,以此推动自身

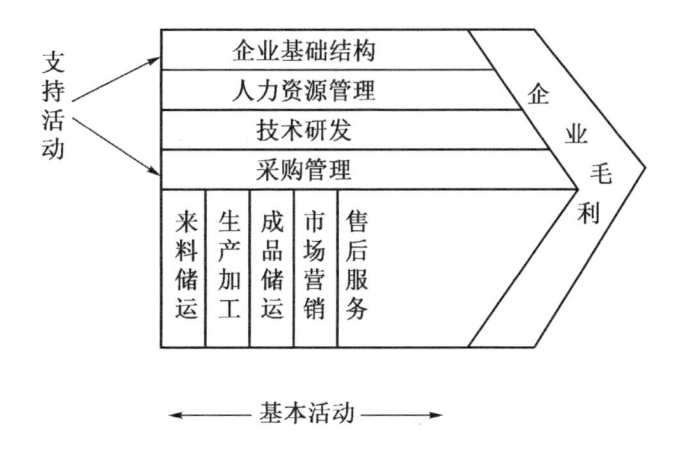

图 3-1 价值链及其构成①

服务业的发展；廉价的非熟练劳动力丰富的大都市可以发展劳动密集型服务业；营销网络优势明显、物流管理水平高的大都市可以发展销售业。

其次，大都市不一定需要通过对某一行业的整个价值链进行控制和垄断来推动服务业发展，只要在某些关键环节上形成垄断优势，就可以形成产业竞争力。要想获得持续的服务业竞争力，必须抓住关键环节。

价值链理论是对传统劳动分工理论的创造性超越。传统的国际劳动分工是建立在生产要素基础之上的，更多强调的是不同产业之间的劳动分工；而价值链理论则更多强调同一产业之内的分工，是一种更加细密的协作。当然，无论是哪种形式的国际分工，都是产业发展的重要动力源泉。随着科技的发展，自然要素对服务业发展的决定作用日趋下降，人工后天培育的要素对服务

---

① 迈克尔·波特著,李明轩等译.国家竞争优势[M].北京：华夏出版社,2002：39.

业的作用日益加强。依靠嵌入全球性的价值链来广泛地参与国际竞争,已成为服务业发展的必要途径。对大都市服务业来说,构筑、延长、嵌入国际价值链有利于其学习这一价值链上核心公司的先进技术和管理经验,并依靠核心集团的竞争优势和竞争战略规避风险,以低成本或零成本利用母公司的专利、品牌、营销网络,推动服务业发展。

以价值链理论为基础,赫斯克特等人进一步提出了专门针对服务业的利润链理论[①]。该理论以利润、顾客、员工和企业的关系为基础,对服务企业中相关因素之间的联系进行研究,构筑了创造利润的链条:营业额与利润的增长来自忠诚的客户,客户的忠诚源于客户的满意,客户的满意度受获得的外部服务价值的影响,而外部服务价值是由那些在企业中具有较高生产率的员工创造的。这些价值的创造又基于员工的满意度,员工的满意度取决于企业内部的服务质量,企业内部的服务质量描述了员工的工作环境,员工对该环境的满意度影响员工的保留率和生产率。由于大多数服务工作中员工流失的成本是生产率的降低与顾客满意度的降低,在个性化服务中低员工流动与高顾客满意度相关。因此,该理论最终得出结论:员工保有率和生产率产生服务价值,服务价值导致顾客满意度,顾客满意度影响顾客的忠诚度,顾客忠诚度导致获利与成长(见图3-2)。

---

① L. Heskett, T. O. Jones, G. W. Loveman, Jr. W. E. Sasser, L. A. Schlesinger. Putting the Service-Profit Chain to work[J]. *Harvard Business Review*, 1994, March-April: 164-174.

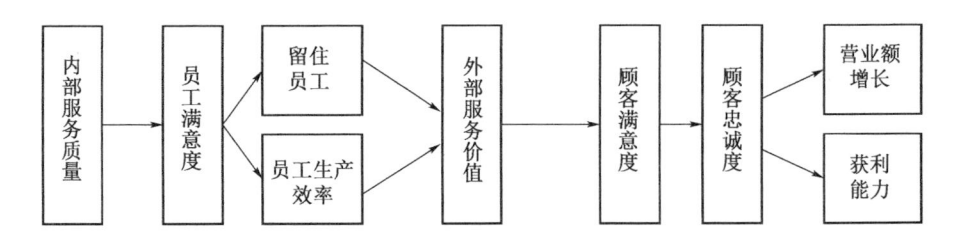

图 3-2　服务业价值链示意图①

（四）先发优势与后发优势战略

先发优势是指一个国家（地区）的大都市的服务业首先进入产业的某一新领域而拥有基础优势，并通过抢占国际市场，形成"一步领先、步步领先"的领导优势。先发优势往往能够创造出行业标准，易于在该产业形成竞争力。对大都市服务业发展来说，可以选择较为超前的服务业，通过强力研发，形成技术领先，并进一步形成行业标准，摆脱国际竞争中的劣势地位。

后发优势是对后发展国家（地区）大都市来说的，是指落后国家（地区）的大都市可以通过学习、模仿、观察，在较短时间以低于开发成本的代价掌握先进国家（地区）大都市通过投入大量资金、耗费较长时间才创新出来的科技成果和其他知识以及经验教训，在某些领域赶超它们。另外，后发展国家（地区）在发展经济的过程中也遇到了来自先进国家（地区）极大的竞争压力。这种压力

---

① L. Heskett, T. O. Jones, G. W. Loveman, Jr. W. E. Sasser, L. A. Schlesinger. Putting the Service-Profit Chain to Work[J]. *Harvard Business Review*, 1994, March-April: 164-174.

有可能成为发展的阻力,也有可能变成后发动力,促使后发展国家(地区)大都市采取措施来提升其服务业竞争力,推动服务业快速发展。如伦敦、纽约就是借助历史造就的先发优势而形成发达的大都市服务业,而新加坡、香港则充分发挥后发优势从而促进服务业的发展。正如发展经济学家赫希曼指出的:"一旦经济进步在先驱国家成为可见的事实,模仿、追随、迎头赶上的强烈欲望就成为后工业化国家将采用何种行动的重要决定因素。"[①]

小　　结

第一,大都市服务业发展应当基于国际化、全球化的开放环境,依据服务业发展的有关理论,结合城市发展的职能定位,借鉴大都市服务业发展的国际经验,不断转换服务业增长的要素结构,优化产业结构和空间布局,采用非均衡战略,培育、增强服务业国际竞争力,提升大都市在世界城市体系中的能级与等级,推动大都市服务经济的发展。具体而言,大都市服务业发展战略的构筑应遵循如下思路:

(1) 集聚管控资源,转换资源结构;

(2) 抓住关键,培育"龙头"服务产业部门;

(3) 大力发展生产性服务业;

[①] 刘锋.美国与欧盟高新技术产业国际竞争力比较及启示[D].复旦大学硕士学位论文,2002.

（4）优化产业布局与结构，提升服务业在世界城市体系中的地位；

（5）注重提升大都市服务业的国际竞争力。

第二，大都市服务业战略选择原则主要有：

（1）时序性与非均衡性原则；

（2）效益性原则；

（3）可操作性原则；

（4）可持续发展原则；

（5）动态原则。

第三，大都市服务业发展战略有以下三类：

（1）环境战略，包括产业的结构政策战略、产业的组织政策战略、产业的技术政策战略、产业的布局政策战略等；

（2）要素战略，包括成本领先战略、科技领先战略、特色战略、跨国公司的双向投资战略等；

（3）组织战略，包括规模经济战略、簇群战略、价值链战略、先发优势与后发优势战略等。

第四章

上海服务业发展的现状及问题

第一节 上海服务业发展的现状

一、上海服务业发展的一般情况

中华人民共和国成立迄今,上海服务业有了长足的发展。

1949年以前,上海作为中国最大的商业城市,服务业相对发达。在国民经济基本恢复的1952年,上海服务业增加值为15.27亿元,占全市生产总值的41.7%。此后,在相当长的一段时间,由于计划经济政策的实施和由消费城市向生产城市的转变,上海服务业发展逐渐趋于停滞。1952—1962 年,上海服务业增长速度不断下降;1963—1992 年,尽管上海服务业在波动中有所发展,但速度非常缓慢(见图 4-1、图 4-2、表 4-1)。

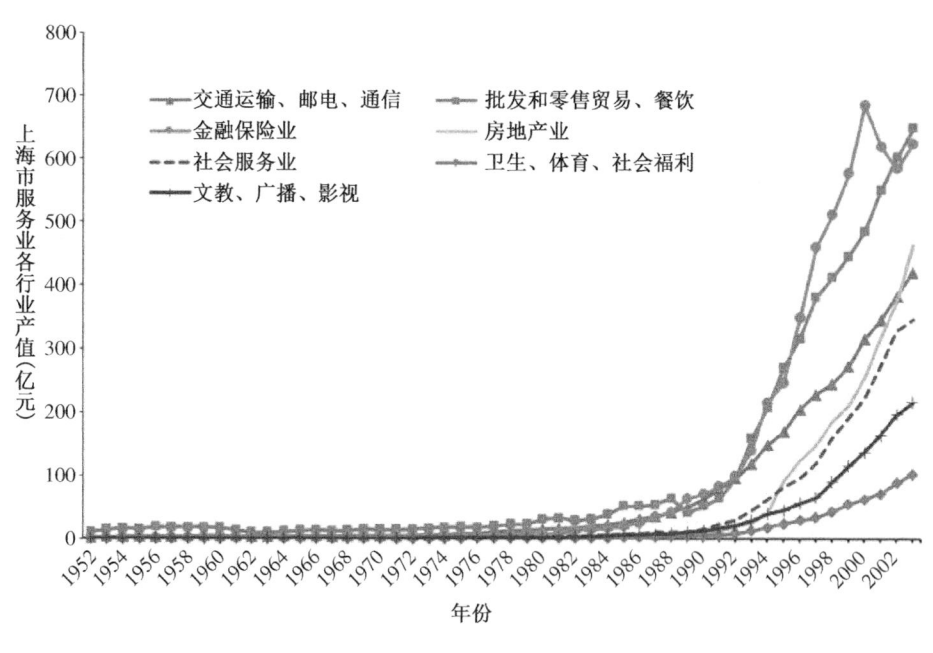

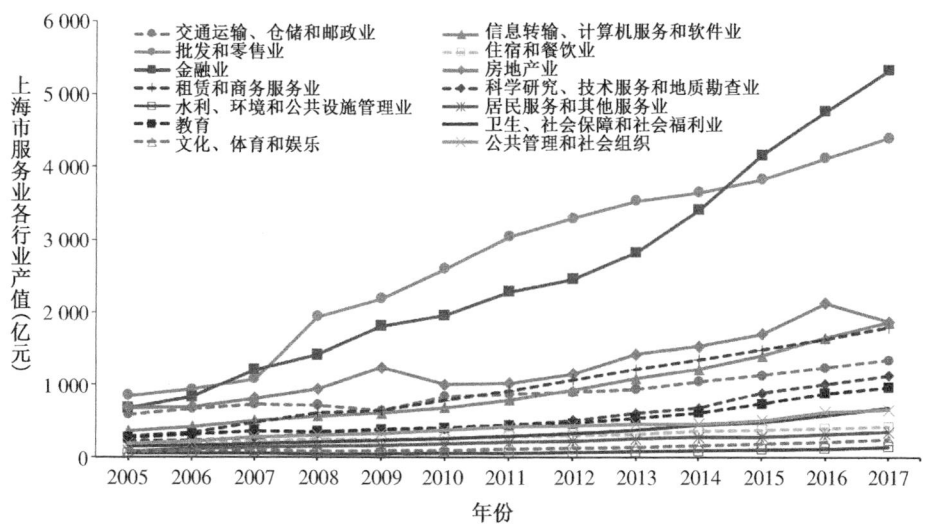

图 4-1 1952—2017 年上海主要服务业部门的增长趋势

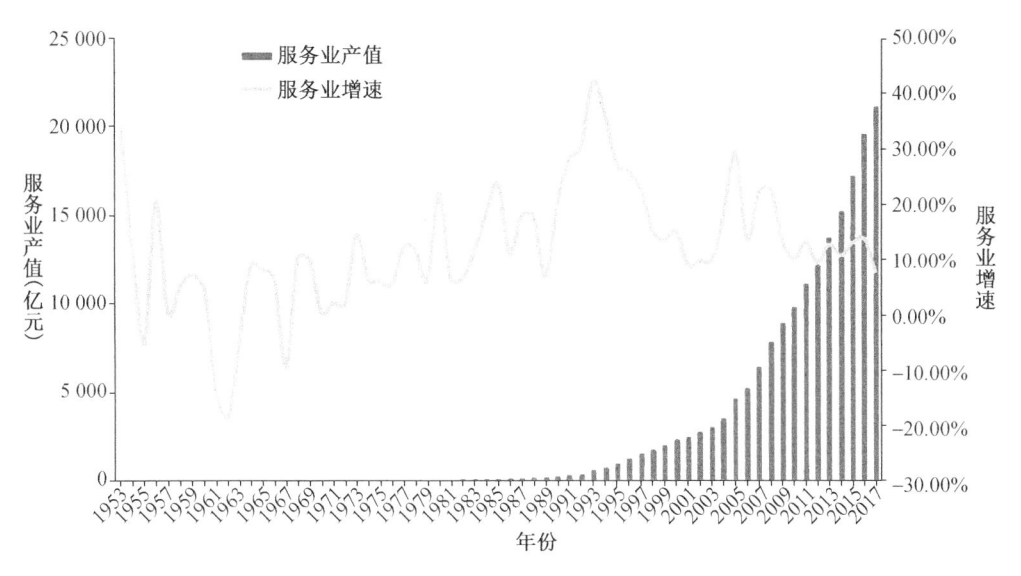

图 4-2 1953—2017 年上海各服务业产值及增长速度

上海服务业的快速发展始自20世纪90年代以后。由于改革开放的不断发展和浦东的开发开放,上海的城市发展定位逐渐变化,服务业在国民经济中的占比逐步上升。2000年,上海服务业产值占GDP的比重达到50.6%,超过第二产业成为GDP的最大组成部分。2017年,上海服务业增加值达21 191.54亿元,比1952年增长了1 387.79倍,年增长率为11.4%,服务业产值占全市GDP的比重达69.2%(见图4-1、图4-2、表4-1)。

2004年以后,随着国家和各级政府对服务业发展的日益重视,服务业统计逐渐细化,从以往的7个部门增加到14个部门,各部门增长分异亦日趋明显。其中,金融和批发零售业是服务业细分部门中产值规模最大、发展最快的领域;租赁和商务服务,信

表 4-1　2005—2017 年上海市服务业产值

单位：亿元，%

年份	全市产值	服务业产值	服务业产值占全市百分比	交通运输、仓储和邮政业	信息传输、计算机服务和软件业	批发和零售业	住宿和餐饮业	金融业
2005	9 365.54	4 824.17	51.5	582.60	359.21	840.89	168.31	675.12
2006	10 718.04	5 567.80	51.9	669.01	421.31	929.16	194.08	825.20
2007	12 668.89	6 891.94	54.4	723.13	500.65	1 077.76	219.36	1 209.08
2008	14 276.79	7 956.03	55.7	712.99	562.59	1 933.65	244.26	1 414.21
2009	15 287.56	9 028.17	59.1	635.01	601.73	2 183.85	238.36	1 804.28
2010	17 436.85	9 942.25	57.0	834.40	675.98	2 594.34	266.45	1 950.96
2011	19 539.07	11 280.46	57.7	868.31	784.77	3 040.99	279.34	2 277.40
2012	20 558.98	12 361.79	60.1	895.31	918.83	3 291.93	298.40	2 450.36
2013	22 264.06	13 985.61	62.8	935.91	1 086.06	3 533.10	311.81	2 823.81
2014	24 068.20	15 501.64	64.4	1 044.46	1 211.83	3 647.33	359.28	3 400.41
2015	25 659.18	17 274.62	67.3	1 133.17	1 398.59	3 824.22	374.63	4 162.70
2016	28 183.51	19 662.89	69.8	1 237.32	1 647.66	4 119.59	388.98	4 765.83
2017	30 632.99	21 191.54	69.2	1 344.54	1 862.27	4 393.36	412.33	5 330.54

（续表）

年份	房地产业	租赁和商务服务业	科学研究、技术服务和地质勘查业	水利、环境和公共设施管理业	居民服务和其他服务业	教育	卫生、社会保障和社会福利业	文化、体育和娱乐	公共管理和社会组织
2005	676.12	292.19	212.91	53.38	82.81	269.64	144.63	77.60	185.51
2006	688.10	332.98	234.12	56.45	113.81	312.62	162.16	88.31	216.89
2007	806.79	475.30	269.74	56.11	139.62	364.50	186.15	99.54	280.77
2008	939.34	610.20	327.02	41.98	142.40	349.15	208.86	79.87	305.71
2009	1 237.56	641.97	364.90	45.06	156.83	378.18	227.47	87.49	328.16
2010	1 002.50	776.13	391.28	50.19	179.98	400.36	250.41	93.98	366.55
2011	1 019.68	912.60	447.02	53.40	205.06	437.09	286.89	115.21	415.10
2012	1 147.04	1 065.56	503.80	60.00	221.88	462.34	328.43	120.10	435.17
2013	1 427.05	1 211.96	601.50	73.39	252.00	537.58	372.19	136.37	455.88
2014	1 530.96	1 349.74	674.60	88.24	272.83	611.14	439.18	157.58	456.79
2015	1 699.78	1 481.27	884.84	103.62	279.56	733.79	480.71	179.85	505.61
2016	2 125.62	1 628.09	1 004.94	114.99	315.22	875.94	574.24	208.80	622.81
2017	1 873.05	1 787.90	1 124.40	140.69	347.05	963.10	681.56	241.19	652.28

注：自2013年起，信息传输、计算机服务和软件业改为信息传输，软件和信息技术服务业，科学研究、技术服务业和地质勘查业改为科学研究和技术服务业，居民服务业和其他服务业改为居民服务，修理和其他服务业，卫生、社会保障和社会福利业改为卫生和社会工作，公共管理和社会组织改为公共管理、社会保障和社会组织。

资料来源：上海市统计局.上海统计年鉴[M].北京：中国统计出版社，各年.

息传输、计算机服务和软件业,科学研究、技术服务和地质勘查业等产值规模处于中等水平;卫生、体育、社会福利事业和教育文艺及广播电视的产值规模则相对较小(见图4-1)。目前,金融、批发零售、房地产、信息、住宿餐饮、租赁和商务服务业等部门已成为上海服务业的支柱部门。2017年这七大部门的增加值之和接近全市服务业产值的90%,其中金融业和批发零售业产值合计占服务业总产值的48.1%。

二、上海服务业发展的国内比较

与长江三角洲地区其他城市服务业相比,上海服务业一直具有明显的优势。就服务业的总体发展水平来看,1999年长江三角洲6个主要城市服务业增加值中,上海为2 000.98亿元,远远高于其他城市(见表4-3);2016年上海第三产业产值达到19 662.9亿元,在6个城市中仍然处于遥遥领先的地位(见表4-4)。所有这些均说明,上海服务业总体发展水平较高,在长江三角洲地区居于优势地位。

就服务业内部来看,上海服务业也具有明显的优势。如1999年上海的金融保险业和社会服务等产业增加值的绝对量和相对比重分别为577.56亿元和28.86%、191.77亿元和9.53%,与南京、无锡、苏州、宁波、杭州相比,占有绝对优势,科学研究为6.9亿元和3.34%,虽在总量上略少于杭州和南京,但相对占比仍远高于其他城市(见表4-3),优势也十分明显。2002年上海、浙江、江

表 4-2　2005—2017 年上海市服务业产值及占比

单位：亿元，%

年份	全市产值	服务业产值	服务业产值占全市百分比	交通运输、仓储和邮政业	信息传输、计算机服务和软件业	批发和零售业	住宿和餐饮业	金融业
2005	9 365.54	4 824.17	51.5	6.22	3.84	8.98	1.80	7.21
2006	10 718.04	5 567.80	51.9	6.24	3.93	8.67	1.81	7.70
2007	12 668.89	6 891.94	54.4	5.71	3.95	8.51	1.73	9.54
2008	14 276.79	7 956.03	55.7	4.99	3.94	13.54	1.71	9.91
2009	15 287.56	9 028.17	59.1	4.15	3.94	14.29	1.56	11.80
2010	17 436.85	9 942.25	57.0	4.79	3.88	14.88	1.53	11.19
2011	19 539.07	11 280.46	57.7	4.44	4.02	15.56	1.43	11.66
2012	20 558.98	12 361.79	60.1	4.35	4.47	16.01	1.45	11.92
2013	22 264.06	13 985.61	62.8	4.20	4.88	15.87	1.40	12.68
2014	24 068.20	15 501.64	64.4	4.34	5.03	15.15	1.49	14.13
2015	25 659.18	17 274.62	67.3	4.42	5.45	14.90	1.46	16.22
2016	28 183.51	19 662.89	69.8	4.39	5.85	14.62	1.38	16.91
2017	30 632.99	21 191.54	69.2	4.39	6.08	14.34	1.35	17.40

(续表)

年份	房地产业	租赁和商务服务业	科学研究、技术服务和地质勘查业	水利、环境和公共设施管理业	居民服务和其他服务业	教育	卫生、社会保障和社会福利业	文化、体育和娱乐	公共管理和社会组织
2005	7.22	3.12	2.27	0.57	0.88	2.88	1.54	0.83	1.98
2006	6.42	3.11	2.18	0.53	1.06	2.92	1.51	0.82	2.02
2007	6.37	3.75	2.13	0.44	1.10	2.88	1.47	0.79	2.22
2008	6.58	4.27	2.29	0.29	1.00	2.45	1.46	0.56	2.14
2009	8.10	4.20	2.39	0.29	1.03	2.47	1.49	0.57	2.15
2010	5.75	4.45	2.24	0.29	1.03	2.30	1.44	0.54	2.10
2011	5.22	4.67	2.29	0.27	1.05	2.24	1.47	0.59	2.12
2012	5.58	5.18	2.45	0.29	1.08	2.25	1.60	0.58	2.12
2013	6.41	5.44	2.70	0.33	1.13	2.41	1.67	0.61	2.05
2014	6.36	5.61	2.80	0.37	1.13	2.54	1.82	0.65	1.90
2015	6.62	5.77	3.45	0.40	1.09	2.86	1.87	0.70	1.97
2016	7.54	5.78	3.57	0.41	1.12	3.11	2.04	0.74	2.21
2017	6.11	5.84	3.67	0.46	1.13	3.14	2.22	0.79	2.13

资料来源：上海市统计局.上海统计年鉴[M].北京：中国统计出版社，各年.

表 4-3　1999 年长江三角洲 6 城市第三产业各行业增加值比较

单位：亿元，%

行业名称	杭州 产值	杭州 比重	南京 产值	南京 比重	上海 产值	上海 比重	宁波 产值	宁波 比重	苏州 产值	苏州 比重	无锡 产值	无锡 比重
交通运输	92.95	18.70	66.06	16.02	271.97	13.59	84.75	23.11	30.03	15.81	51.22	11.77
批发零售	142.18	28.61	99.72	24.19	445.77	22.28	118.12	32.21	189.92	37.52	198.46	45.61
农林服务	—	—	2.06	0.50	—	—	1.01	0.23	7.67	1.51	4.05	0.93
地质水利	—	—	3.73	0.90	—	—	1.28	0.35	2.50	0.49	—	—
金融保险	74.23	14.94	87.36	21.19	577.56	28.86	29.15	7.95	73.49	14.52	43.43	9.98
房地产	26.62	5.35	23.23	6.86	210.53	10.52	27.98	7.63	56.64	11.19	36.02	8.28
社会服务	56.95	11.46	30.91	7.49	191.77	9.53	41.28	11.26	41.76	8.25	32.88	7.56
卫生体育	21.91	4.41	12.34	2.99	54.72	2.73	16.91	4.61	11.64	2.30	12.12	2.79
教育文艺	36.12	7.27	32.70	7.93	115.69	5.79	21.99	5.99	19.84	3.92	20.06	4.61
科研	8.64	1.74	8.95	2.17	6.90	3.34	3.11	0.85	3.59	0.71	3.79	0.87
机关团体	38.80	5.79	33.08	8.03	58.68	2.94	18.55	5.06	1.52	3.26	25.57	5.88
其他	—	—	7.15	1.73	7.39	0.37	2.56	0.70	2.62	0.52	—	—
合计	496.94	—	412.29	—	2000.98	—	356.67	—	506.22	—	435.15	—

资料来源：上海市统计局.上海统计年鉴[M].北京：中国统计出版社，各年.

表 4-4　2016 年长江三角洲 6 城市第三产业各行业产值比较

单位：亿元，%

行业名称	杭州 产值	杭州 比重	南京 产值	南京 比重	上海 产值	上海 比重	宁波 产值	宁波 比重	苏州 产值	苏州 比重	无锡 产值	无锡 比重
批发和零售业	883.72	12.83	1174.06	19.14	4119.59	20.95	1006.05	25.61	2047.44	25.39	1460.27	30.89
交通运输、仓储和邮政业	325.46	4.72	306.21	4.99	1237.32	6.29	374.08	9.52	478.37	5.93	195.19	4.13
住宿和餐饮业	175.26	2.54	183.00	2.98	388.98	1.98	133.63	3.40	439.43	5.45	259.90	5.50
信息传输、软件和信息技术服务业	1731.76	25.14	—	—	1647.66	8.38	134.21	3.42	400.80	4.97	210.42	4.45
金融业	982.02	14.26	1241.76	20.25	4765.83	24.24	432.48	11.01	1333.77	16.54	686.76	14.53
房地产业	690.11	10.02	711.47	11.60	2125.62	10.81	481.91	12.27	1015.15	12.59	467.49	9.89
租赁和商务服务业	400.42	5.81	—	—	1628.09	8.28	357.73	9.10	668.88	8.29	444.38	9.40
科学研究和技术服务业	309.88	4.50	—	—	1004.94	5.11	113.12	2.88	264.80	3.28	87.93	1.86

(续表)

行业名称	杭州 产值	杭州 比重	南京 产值	南京 比重	上海 产值	上海 比重	宁波 产值	宁波 比重	苏州 产值	苏州 比重	无锡 产值	无锡 比重
水利,环境和公共设施管理业	83.89	1.22	—	—	114.99	0.58	29.10	0.74	94.83	1.18	54.65	1.16
居民服务、修理和其他服务业	139.46	2.02	—	—	315.22	1.60	105.42	2.68	200.15	2.48	179.59	3.80
教育	390.59	5.67	—	—	875.94	4.45	208.82	5.31	389.06	4.82	193.43	4.09
卫生和社会工作	239.99	3.48	—	—	574.24	2.92	150.73	3.84	236.36	2.93	95.53	2.02
文化、体育和娱乐业	139.29	2.02	—	—	208.80	1.06	69.99	1.78	73.03	0.91	92.28	1.95
公共管理、社会保障和社会组织	390.30	5.67	—	—	622.81	3.17	322.84	8.22	395.55	4.91	280.20	5.93
合计	6 888.59		6 133.16		19 662.90		3 929.10		8 064.22		4 728.05	

资料来源：杭州市统计局.杭州统计年鉴[M].北京：中国统计出版社,2017.上海市统计局.上海统计年鉴[M].北京：中国统计出版社,2017.南京市统计局.南京统计年鉴[M].北京：中国统计出版社,2017.宁波市统计局.宁波统计年鉴[M].北京：中国统计出版社,2017.苏州市统计局.苏州统计年鉴[M].北京：中国统计出版社,2017.无锡市统计局.无锡统计年鉴[M].北京：中国统计出版社,2017.

苏在金融保险、房地产、科研、社会服务领域的区位商分别为 2.006、0.560、0.731，2.310、0.980、1.870，1.756、0.363、1.280，1.041、0.945、0.723（见表4-5），表明上海具有很强的优势。2016年上海金融业、科学研究和技术服务业的产值分别为4 765.83亿元和1 004.94亿元，远远高于其他城市，行业优势进一步扩大，信息传输、软件和信息技术服务业产值为1 647.66亿元，除略少于杭州外，亦遥遥领先于其他城市，有着较强的优势（见表4-4）。

从主要服务业部门的区位商看，2002年上海金融保险和房地产部门的区位商都超过2，表明上海在服务业细分部门中的专业化程度最高，其次是科学研究，其区位商为1.756，说明上海科学研究的产业专业化发展也相对较好（见表4-5）。

表4-5　2002年上海、浙江、江苏各产业部门的区位商

部门	上海	浙江	江苏
交通运输邮电	0.891	1.105	0.913
批发零售	1.013	1.579	1.038
金融保险	2.006	0.560	0.731
房地产	2.310	0.980	1.870
社会服务	1.041	0.945	0.723
卫生体育	1.164	1.366	0.988
教育文艺	0.879	0.793	0.755
科研	1.756	0.363	1.280
机关团体	0.421	0.753	0.887

资料来源：根据2003年三省市统计年鉴的增加值数据计算而得。

由上可知,上海服务业在长江三角洲地区一直具有很强的竞争力,金融保险、房地产、科学研究、社会服务等部门尤为突出。

然而,与其他国内大都市(如北京)相比,上海服务业的总体发展优势并不明显。2015—2017年上海服务业的区位商在1.058～1.646之间,远大于江苏的0.748～1.183和浙江的0.763～1.236,但逊于北京的1.277～2.379,说明上海的服务业专业化发展尽管在长三角地区有着明显的优势,但与北京相比则存在显著的差距。

从五大细分服务业部门来看,上海金融业的区位商在1.985～2.233之间,明显高于江苏的0.844～0.929、浙江的0.831～0.923,但低于北京的2.156～2.276,表明上海金融服务业的优势地位在长三角地区显著,且在加强,但仍略逊于北京;上海批发零售业的区位商在1.470～1.516之间,虽高于北京的0.928～1.029,但呈逐渐下降的态势,表明作为传统服务业,该行业的发展速度已被新兴的现代服务业所超越;上海房地产业的区位商在0.891～1.127之间,低于北京的1.181～1.240,且2017年下降明显,这是因为近些年上海为了控制商务成本的快速上升和房地产泡沫,对该行业实行了严格的土地供给政策和限购政策,在一定程度上挤压了房地产行业的泡沫扩展,也抑制了房地产业的快速发展(见表4-6)。

所有这些表明,不论从总体还是从细分部门来看,上海服务业的发展优势均弱于北京,但有着巨大的潜力。

表4-6　2015—2017年上海、浙江、江苏、北京各部门区位商

省（市）\年份\部门	上海 2015	上海 2016	上海 2017	浙江 2015	浙江 2016	浙江 2017
服务业	1.058	1.332	1.646	0.763	0.962	1.236
批发零售	1.516	1.480	1.470	1.237	1.249	1.237
交通	0.997	0.992	0.984	0.778	0.768	0.745
住宿	0.817	0.757	0.744	1.047	1.032	0.993
金融	1.985	2.105	2.233	0.831	0.851	0.923
房地产	1.072	1.127	0.891	0.906	0.880	0.977

(续表)

部门 \ 省(市)/年份	江苏 2015	江苏 2016	江苏 2017	北京 2015	北京 2016	北京 2017
服务业	0.748	0.945	1.183	1.277	1.910	2.379
批发零售	1.118	1.106	1.098	1.029	0.953	0.928
交通	0.771	0.741	0.716	0.674	0.661	0.676
住宿	0.874	0.853	0.839	0.998	0.907	0.870
金融	0.844	0.892	0.929	2.156	2.202	2.276
房地产	1.125	1.118	1.172	1.240	1.238	1.181

资料来源：根据上海统计年鉴、北京统计年鉴、江苏统计年鉴、浙江统计年鉴和中国统计年鉴各年数据计算。

从更加综合的视角来看,上海服务业的发展在于其竞争力的不断提高。王庆秀利用服务业增加值、人均服务业增加值、服务业增加值比重、服务业从业人员比重、服务业固定资产投资额比重、服务密度、服务业劳动生产率七个指标,对上海及其他省、市、自治区的服务业发展潜力/竞争力进行了评估。结果表明:上海竞争力指数在2005年和2010年都是0.75,排在第二位,而北京虽排在第一位,分别为0.8和0.78,仅略高于上海,且呈下降趋势(见表4-7),说明上海服务业发展的竞争力在稳定发展,且与北京的差距在缩小。

表4-7 2005年和2010年全国服务业的竞争力分析

年份	2005			2010		
地区	服务水平	排序	地区	服务水平	排序	
北京	0.80	1	北京	0.78	1	
上海	0.75	2	上海	0.75	2	
广东	0.43	3	广东	0.46	3	
天津	0.41	4	天津	0.45	4	
浙江	0.33	5	浙江	0.38	5	
江苏	0.30	6	江苏	0.37	6	
西藏	0.30	7	山东	0.28	7	
辽宁	0.26	8	海南	0.27	8	
福建	0.25	9	福建	0.26	9	
重庆	0.24	10	辽宁	0.24	10	

（续表）

年份	2005		2010		
湖北	0.22	11	内蒙古	0.21	11
山东	0.21	12	湖北	0.21	12
湖南	0.21	13	西藏	0.20	13
陕西	0.19	14	河北	0.18	14
海南	0.19	15	湖南	0.18	15
广西	0.18	16	贵州	0.179	16
北京	0.78	17	重庆	0.17	18
四川	0.19	18	黑龙江	0.17	19
吉林	0.18	19	四川	0.16	20
内蒙古	0.18	20	山西	0.16	21
河北	0.17	21	云南	0.15	22
黑龙江	0.17	22	宁夏	0.14	23
新疆	0.17	23	吉林	0.14	24
江西	0.16	24	广西	0.13	25
云南	0.16	25	安徽	0.12	26
甘肃	0.15	26	新疆	0.11	27
宁夏	0.15	27	青海	0.10	28
贵州	0.13	28	河南	0.09	29
河南	0.13	29	甘肃	0.09	30
山西	0.13	30	江西	0.08	31
青海	0.12	31			

资料来源：王庆秀.中国服务业空间格局及差异研究[J].首都师范大学学报（自然科学版），2014，35(1)：50-55.

三、上海服务业发展的国际比较

上海服务业无论是在总量上还是在细分行业上,与香港、东京、伦敦等国际大都市的服务业相比,都存在明显差异。

(一) 发展水平低

作为老牌的国际大都市,香港和东京的经济均十分发达。香港早在1992年人均GDP已达到17 976美元,1993年为20 396美元,2018年高达48 717美元;东京人均GDP 1983年为17 913美元,1984年为19 046美元,2016年达71 337美元;伦敦2017年人均GDP为71 283美元,2018年为75 286美元[①]。

改革开放尤其是浦东开发开放以来,上海经济有了显著的发展。2018年上海人均GDP首次突破2万美元,达到20 438.86美元。按照世界银行有关不同国家和地区的收入标准衡量,目前上海人均GDP水平已经进入发达国家和地区行列。但就绝对量来看,上海的人均GDP水平仍远低于以香港与东京为代表的国际大都市。更进一步说,上海目前的人均GDP水平与香港、东京相比具有几十年的差距,绝对量甚至不到伦敦的三分之一。

经济发展水平的相对低下,导致上海服务业发展水平远低于与香港、东京和伦敦等大都市。如2014年东京服务业产值占本地生产总值的比重为86.66%,2017年伦敦服务业产值占本地生

---

① Eurostat database. https://ec.europa.eu/eurostat/data/database.

产总值的比重为92.09%,2018年香港服务业产值占本地生产总值中的比重为93.1%,而2017年上海服务业产值占本地生产总值的比重仅为69.2%。其他重要服务业部门之间的产值差距亦十分明显(见表4-8)。

表4-8　上海、东京、伦敦、香港服务业各部门产值占服务业总产值的比重

单位:%

年份 地区 部门	2017 上海	2014 东京	2017 伦敦	2018 香港
批发零售	14.34	19.94	7.51	21.4
运输仓储	4.39	4.6	4.16	5.9
住宿餐饮	1.35	2.34	3	3.4
信息	6.08	10.57	11.07	3.4
金融保险	17.40	8.28	15.9	19.7
房地产	11.95	11.6	15.74	10.5
专业科技服务	3.67	11.37	12	10.4
教育	3.15	3.07	4.54	
健康	2.22	3.95	4.89	
文化娱乐	0.79	2.7	2.05	
公共管理国防	3.72	4.02	8.59	18.4
其他服务	—	4.22	2.64	—
合计	69.2	86.66	92.09	93.1

资料来源:根据各城市统计局(署)统计资料整理。

从服务业的内部结构看,上海与香港、东京和伦敦也存在一定的差距。如上海专业科技、健康、文化娱乐等服务业产值占服务业总产值的比重明显低于香港、东京和伦敦,信息服务业产值占服务业总产值的比重明显低于东京和伦敦,教育服务业产值占服务业总产值的比重则明显低于伦敦和香港。2017年上海金融保险业产值占服务业总产值的比重达17.40%,虽低于香港,但高于伦敦,也高于2014年东京的水平,然而总体规模尚不及上述城市(见表4-8)。上述服务业部门都属于生产性服务业,为社会提供知识型、创新型服务和生产型服务为其主要特征。这些部门是最能体现国际大都市特色的服务业部门,它们的发展水平有限,表明上海服务业的层次不高。

上海服务业的劳动效率与伦敦、东京乃至香港等国际大都市相比,也存在很大差距。以东京为例,2016年东京服务业的劳动效率为105.95万元/人,而上海2017年仅为23.55万元/人,不足东京的1/4;东京金融业2016年的劳动效率为223.59万元/人,而上海2017年为130.86万元/人,仅相当于东京的59%;2016年东京房地产业的劳动效率为371.77万元/人,而上海2017年为42.5万元/人,仅相当于东京的19%;2016年东京批发零售业劳动效率为119.03万元/人,而2017年上海为18.28万元/人,不及东京的16%;2016年东京科技服务和教育业的劳动效率均在90万元/人以上,而2017年上海仅在20万元以上,仅为东京的1/4左右(见表4-9和表4-10)。

表 4-9　2006—2016 年东京服务业劳动效率

单位：万元/人

年份	2006	2007	2008	2009	2010	2011
服务业	106.11	107.54	105.30	99.07	100.06	102.70
批发零售	130.36	126.25	123.01	109.17	111.01	119.03
运输邮电	75.57	79.19	76.41	69.79	69.26	69.28
住宿餐饮	28.04	30.38	30.24	29.13	31.26	30.20
信息通信	147.05	149.59	146.30	139.93	136.24	137.58
金融保险	300.17	294.60	248.01	243.13	234.70	222.44
房地产	314.83	320.17	326.53	332.23	340.01	346.84
专业科技服务	73.78	82.14	87.84	77.23	81.11	85.07
公共管理	136.88	137.69	137.00	138.78	123.51	123.10
教育	83.54	84.04	83.49	82.86	83.40	85.21
健康	34.83	34.88	35.02	39.02	41.46	43.08
其他服务	54.34	58.40	59.61	52.00	57.84	60.56

(续表)

年份	2012	2013	2014	2015	2016
服务业	102.57	103.85	103.75	105.72	105.95
批发零售	117.32	116.72	107.32	110.61	109.30
运输邮电	71.11	71.73	74.12	75.63	75.15
住宿餐饮	29.84	29.34	31.34	31.34	31.17
信息通信	141.22	144.22	149.86	154.63	154.63
金融保险	222.13	229.92	229.44	228.51	223.59
房地产	347.41	346.99	353.39	359.57	371.77
专业科技服务	83.82	88.21	90.73	92.09	93.93
公共管理	120.46	119.84	125.73	129.15	131.92
教育	84.62	85.33	90.69	93.11	94.92
健康	45.16	45.85	47.16	48.95	49.57
其他服务	59.93	60.66	60.87	59.40	57.36

注：日元和人民币按照 100 日元=15.438 8 元人民币换算。

资料来源：http://www.toukei.metro.tokyo.jp/keizaik/kk-houkoku.htm。

表 4-10 2016—2017 年上海服务业生产效率

年份 指标	2016年 产值 （亿元）	2017年 产值 （亿元）	2016年 就业 （万人）	2017年 就业 （万人）	2016年 劳动产出率 （万元/人）	2017年 劳动产出率 （万元/人）
服务业	19 662.89	21 191.54	871.29	899.7	22.57	23.55
批发和零售业	4 119.59	4 393.36	239.06	240.39	17.23	18.28
交通运输、仓储和邮政业	1 237.32	1 344.54	89.73	89.39	13.79	15.04
住宿和餐饮业	388.98	412.33	52.22	55.26	7.45	7.46
信息传输、软件和信息技术服务业	1 647.66	1 862.27	48.6	52.47	33.90	35.49
金融业	4 765.83	5 330.54	36.42	35.54	130.86	149.99
房地产业	2 125.62	1 873.05	50.01	51.88	42.50	36.10
租赁和商务服务业	1 628.09	1 787.90	133.18	140.13	12.22	12.76

(续表)

年份 指标	2016年 产值（亿元）	2017年 产值（亿元）	2016年 就业（万人）	2017年 就业（万人）	2016年 劳动产出率（万元/人）	2017年 劳动产出率（万元/人）
科学研究和技术服务业	1 004.94	1 124.40	45.75	48.55	21.97	23.16
水利、环境和公共设施管理业	114.99	140.69	20.82	21.79	5.52	6.46
居民服务、修理和其他服务业	315.22	347.05	36.06	37.88	8.74	9.16
教育	875.94	963.10	37.41	39.24	23.41	24.54
卫生和社会工作	574.24	681.56	28.7	30.69	20.01	22.21
文化、体育和娱乐业	208.80	241.19	11.42	11.72	18.28	20.58
公共管理、社会保障和社会组织	622.81	652.28	34.51	35.99	18.05	18.12

资料来源：上海市统计局.上海统计年鉴[M].北京：中国统计出版社，2018.

若用年人均产值来衡量劳动生产率、用工资－产值比率衡量劳动力成本的大小进一步分析两座城市服务业的发展情况,我们发现,相较于上海,东京服务业在劳动生产率上具有绝对的优势。

(二) 服务业国际竞争力弱

上海服务业的国际竞争力较弱,主要表现为服务贸易的国际市场占有率[①]不高,国际竞争力低。2000年中国服务贸易的国际市场占有率只有2.06%,上海服务贸易的国际市场占有率更低,仅为0.14%。而同期中国香港服务贸易的国际市场占有率为2.85%,新加坡为1.83%。随着经济的发展,上海服务贸易的国际市场占有率有所提高。2018年,中国服务贸易的国际市场占有率达9.05%,上海上升到0.90%,但同期中国香港和新加坡分别上升到4.42%和3.11%(见表4-11)。

从动态上看,2000—2018年中国香港、新加坡服务贸易出口国际市场占有率分别上升了1.57和1.28个百分点,其国际服务贸易发展呈现出在波动中缓慢上升的状态,而同期上海服务贸易国际市场占有率虽总体呈上升状态,但仅增长了0.76个百分点,发展缓慢,且2018年有下降趋势(见表4-11)。

---

① MS(某城市服务业市场占有率)＝CE(某城市服务贸易出口额)/WE(全球服务贸易出口额).

表 4-11　2000—2018 年上海、香港和新加坡服务贸易国际市场占有率

单位：10 亿美元，%

年份	世界服务贸易 出口额	中国服务贸易 出口额	中国服务贸易 国际市场占有率	香港服务贸易 出口额	香港服务贸易 国际市场占有率	新加坡服务贸易 出口额	新加坡服务贸易 国际市场占有率	上海服务贸易 出口额	上海服务贸易 国际市场占有率
2000	1 475.7	30.15	2.06	42.1	2.85	27.0	1.83	3.59	0.14
2001	1 478.1	32.90	2.26	42.4	2.87	26.4	1.79	4.59	0.32
2002	1 570.1	37.30	2.40	45.2	2.88	26.9	1.71	5.63	0.36
2003	1 763.0	44.50	2.50	43.2	2.50	30.4	1.72	7.74	0.44
2015	4 750.0	285	6.0	104	2.2	139	2.9	52.53	1.01
2018	5 800.0	525.04	9.05	256.2	4.42	180.6	3.11	52.43	0.90

资料来源：WTO 秘书处，上海外汇管理局。

上海服务业国际竞争力较弱的另一个表现是现代服务业国际竞争力不高。从2017年上海服务业各部门的TC指数值看,专业管理和咨询服务业最大,其次是计算机和信息服务及建筑服务,它们的TC指数值分别为0.488、0.384和0.309,表明具有一定的国际竞争力。其余部门中除技术服务业的TC指数为正值(0.168)外,其他皆为负值,表明这些部门的竞争力较弱:知识产权使用和旅游业的TC指数低于-0.9,说明它们的国际竞争力最弱;金融服务业的TC指数为-0.467,保险和养老金服务业的TC指数为-0.044,说明上海金融保险业的国际竞争力很弱(见表4-12)。知识产权使用、旅游业和金融保险等服务业是现代生产性服务业的标志性部门,它们的国际竞争力不足,也就意味着上海现代生产性服务业国际竞争力整体发展水平不高。

总体来看,2000—2017年上海服务贸易的TC指数均为负值,且不断下降。2017年上海总体服务贸易的TC指数由-0.085 6降为-0.463 5。从服务业各部门来看,上海除旅游、建筑承包工程安装、计算机信息服务、咨询的TC指数较大,国际竞争力较强外,金融、保险、运输、技术服务等大部分部门的国际竞争力较弱,且有进一步恶化的趋势(见表4-13)。

而香港2002年的商贸服务业、金融业、运输业的TC指数分别为0.812 4、0.592 6和0.331 9,表明其国际竞争力较强;旅游、保险的TC指数分别为-0.107 5和-0.036 7,表明其国际竞争力较差;整体服务贸易的TC指数也达到近年新高,为0.297 4。1998—2019年香港整体服务业的TC指数有所降低,服务贸易保

表 4-12　2017 年上海服务贸易竞争力指数

	进出口(亿美元)	出口(亿美元)	进口(亿美元)	TC指数
总计	1 954.7	524.3	1 430.4	−0.464
运输服务	283.6	114	169.6	−0.196
旅游	1 038.6	19.7	1 019	−0.962
建筑服务	11	7.2	3.8	0.309
保险和养老金服务	13.6	6.5	7.1	−0.044
金融服务	1.5	0.4	1.1	−0.467
计算机和信息服务	109.7	75.9	33.8	0.384
专业管理和咨询服务	254.9	189.7	65.2	0.488
技术服务	79.1	46.2	32.9	0.168
文化和娱乐服务	8.5	3.3	5.2	−0.224
知识产权使用服务	70.9	1	69.8	−0.970

资料来源：上海市统计局.上海统计年鉴[M].北京：中国统计出版社,2018.

表 4-13　2000—2017 年上海国际服务贸易基本情况

单位：亿美元

项目 部门	服务贸易出口 2000	服务贸易出口 2002	服务贸易出口 2017	服务贸易进口 2000	服务贸易进口 2002	服务贸易进口 2017	TC指数 2000	TC指数 2002	TC指数 2017
合计	35.93	56.26	524.30	42.66	57.69	1 430.40	−0.085 6	−0.012 5	−0.463 5
运输	19.25	24.88	114.00	22.40	28.24	169.60	−0.075 6	−0.063 3	−0.196 1
保险	1.71	1.71	6.50	1.56	1.92	1 019.0	0.045 9	−0.057 9	−0.987 3
旅游	7.43	14.34	19.70	8.25	3.66	7.10	−0.052 3	0.593 3	0.470 1
金融	0.09	0.09	0.40	0.13	0.22	1.10	−0.181 8	−0.419 4	−0.466 7
通信邮电	0.25	0.20	—	0.10	0.33		0.428 6	−0.245 3	—
建筑承包工程安装	1.32	1.02	7.20	1.28	0.36	3.80	0.015 4	0.478 3	0.309 1

(续表)

项目\年份\部门	服务贸易出口 2000	服务贸易出口 2002	服务贸易出口 2017	服务贸易进口 2000	服务贸易进口 2002	服务贸易进口 2017	TC指数 2000	TC指数 2002	TC指数 2017
计算机信息服务	1.06	0.73	75.90	0.96	0.42	33.80	0.049 5	0.269 6	0.383 8
专利权使用费和特许费/技术服务	0.36	0.39	47.20	2.51	8.71	102.7	−0.749 1	−0.914 3	−0.370 2
咨询	3.00	6.57	189.70	2.86	7.18	65.20	0.023 9	−0.044 4	0.488 4
教育医疗保健	0.38	0.54	3.30（文化娱乐服务）	2.04	3.23	5.2（文化娱乐服务）	−0.686 0	−0.713 5	−0.223 5
广告宣传	1.00	1.53	47.20	0.54	0.08		0.298 7	0.900 6	
电影音像	0.02	0.15		0.04	0.30		−0.333 3	−0.333 3	
其他（官方交往）	0.06	0.10	60.40	0.0004	0.02	22.90	0.986 8	0.666 7	0.450 2

资料来源：根据上海市外汇管理局、上海统计年鉴整理、计算。

持较大的顺差,金融、保险和旅游等细分部门的国际竞争力指数大致呈现上升趋势,表明国际竞争力在增强。可见,上海与香港等国际大都市相比,金融、保险、运输等细分服务业的 TC 指数小,整体服务贸易的逆差大且呈不断上升状态。这表明上海服务贸易总体较弱,国际竞争力不强,且结构不合理。

近年来,上海口岸贸易业规模增长很快。如 2002 年上海口岸进出口总额仅相当于 2000 年香港进出口总额的 34.4%,2016 年上海口岸货物进出口总额已达 68 820 亿元,占全国的 28.3%,占全球的 3% 以上,规模已超越香港、新加坡。其中,服务贸易在对外贸易中的占比为 31.8%,高于全国 13.8 个百分点,超过国际平均水平[①]。

一般而言,口岸贸易均伴随大量的资金运动。它除了需要商业和制造业形成直接驱动外,还需要具有高度发达的金融业、保险业、港口业、仓储业、远洋运输业、电信业、货物代理业等来支撑。但是,上海口岸经济的增加值率很低,转口贸易毛利率也很低[②]。从增加值来源看,上海外贸行业的增加值主要来源于关税收入,与外贸相关的服务业的增加值贡献甚微。可见,上海虽成为我国最大的进出口贸易口岸,口岸贸易规模相当可观,但为口岸贸易提供配套服务的服务业部门的发展水平依然很低。因此,

---

① 上海口岸经济办公室.2018 年上海口岸主要数据统计表[EB/OL](2019-01-14). http://kab.sh.gov.cn/kafw/004009/004009001/20190122/d8d3793e-cb0b-4e5e-b706-3c6ee065c14c.html.

② 蔡旭初.上海第三产业增长缓慢的原因[R].上海市政府重大咨询重点课题成果汇编,2003:783.

其外贸进出口的功能主要体现在开拓海外市场等方面,对相关行业的拉动作用有限①。这表明,与香港等国际大都市相比,上海服务业的发展水平较为落后,还没有进入以知识型、生产型等高级服务业为主导的发展时期,其占国民经济的比重相对较低,国际竞争力较弱。

(三) CBD 服务业价值较低

伦敦、纽约等国际大都市的 CBD 中都具有强大的金融、保险、商贸、旅游等服务业,它们拥有很高的价值,影响着相关国际服务市场;上海 CBD 的同类服务业则相对落后,相应的价值和影响力较为有限。如上海 CBD 的核心南京路全长 4 500 米,其步行街上拥有的各种商业设施为 660 多家(初步统计),人流为 100 万人次,商业营业收入为 135 亿元人民币左右;而东京银座全长仅为 1 100 米,但有若干条副商业街与之相连,进而形成了纵横交错的网格型商业街,其中聚集的零售商店、餐馆、咖啡馆、文化娱乐设施为 2 046 家,人流为 55 万人次,商业营业收入超过 163 亿美元,差不多是南京路的 10 倍以上。上海南京路以商业零售和购物为主,而东京银座功能相对均匀和多样化,尤其在商品展示、艺术品陈列以及休闲消费、金融服务等方面比南京路完善②。

综上所述,在国际层面上,上海服务业总体上发展水平较低,

---

① 杨江丽,叶晓.上海集装箱运输的发展现状及提升对策[EB/OL](2017-05-02). http://www.fx361.com/page/2017/0502/1682550.shtml.

② 徐康宁.文明与繁荣——中外城市经济发展环境比较研究[M].南京:东南大学出版社,2003:146-148.

竞争力较弱,规模较小,功能较少,尤其是高层次生产性服务业比重低。就上海服务业内部来看,除建筑安装、计算机与信息服务和咨询服务等有一定竞争力外,其他部门竞争力很弱。

第二节 上海服务业发展中存在的问题

一、服务业投资效率下滑

20世纪90年代以来,上海对服务业的投入力度不断增强。1992—1998年,曾呈现"高投入、高产出"的特征,大量的投入对拉动服务业的快速增长起了重要作用;1999—2017年,持续的高投入对服务业增长的拉动作用开始弱化,上海服务业发展中单位固定资产的产出水平开始明显降低,每百元增加值占用的固定资产不断增加。1992年上海服务业每百元增加值占用的固定资产为157.79元,2003年上升为184.46元,2017年进一步上升到341.17元(见表4-14)。

二、服务业布局不合理

(一)上海服务业产值在GDP中的比重较低

长期以来上海服务业产值在GDP中的比例偏低,服务业发展速度不够快。

表 4-14　1992—2017 年上海服务业固定资产投资情况

年份	服务业固定资产投资（亿元）	服务业所占比重（%）	每百元增加值占用的固定资产（元）	年份	服务业固定资产投资（亿元）	服务业所占比重（%）	每百元增加值占用的固定资产（元）
1992	172.47	48.3	157.79	2005	2 454.87	69.30	196.51
1993	337.59	51.6	137.85	2006	2 698.09	68.74	206.36
1994	705.27	62.8	130.3	2007	3 052.67	68.47	225.77
1995	1 075.32	67.1	148.36	2008	3 400.23	70.41	233.99
1996	1 284.77	65.8	166.06	2009	3 834.42	72.71	235.45
1997	1 307.34	66.1	173.83	2010	5 389.91	84.84	184.46
1998	1 303.87	66.4	189.84	2011	3 752.64	74.06	300.60
1999	1 231.91	66.3	208.03	2012	3 949.04	75.16	313.03
2000	1 245.86	66.6	210.5	2013	4 387.32	77.68	318.77
2001	1 304.62	65.4	221.49	2014	4 847.30	80.57	319.80
2002	1 455.78	66.6	233.16	2015	5 389.91	84.84	320.50
2003	1 640.99	66.9	184.46	2016	5 769.11	85.39	340.83
2004	2 069.13	67.08	199.84	2017	6 211.42	85.71	341.17

资料来源：上海市统计局.上海统计年鉴[M].北京：中国统计出版社，各年.

1978年,上海服务业产值在 GDP 中的比重仅为 21.5%。此后,中国进入改革开放的新时期,经济逐渐腾飞,极大地刺激了上海服务业的发展。到 1999 年,上海服务业产值在 GDP 所占的比重明显增加,已超过 50%,达到 50.7%。2017 年上海服务业产值在 GDP 的比重进一步提高到 69.2%。即便如此,上海服务业产值占 GDP 的比重仍明显低于东京、伦敦、香港、广州和北京等国内外著名大都市。如同期的东京、伦敦、香港、广州和北京服务业产值占 GDP 的比重分别为 86.66%、92.09%、93.1%、71.75% 和 81%。

上海服务业产值在 GDP 中比重较低的现实与打造国际经济、金融、贸易、航运中心的国际大都市的要求相去甚远。

(二)上海服务业的劳动效率较低

目前上海服务业劳动效率较低。无论是房地产、金融保险、信息服务还是运输仓储、批发零售,2012 年上海的经济效率都明显低于东京和伦敦(见图 4-3)。这成为大幅提升服务业国际竞争力、推动服务经济快速发展的重要制约因素。

(三)服务生产力布局不合理

服务生产力是指服务主体在一定的时间、地点为服务对象提供服务的能力,它可以通过服务业增加值、服务业收入等来表示。由于服务业的"流量经济特征",需要各种形式的网络支持,因此国际大都市一般通过强大的 CBD 构筑全球服务网

行业	经济劳动效率(美元/小时)
其他服务业之外的第三产业	
建筑	
工业	
房地产	
金融保险	
信息产业	
运输仓储	
批发零售	
其他服务业	

■东京　■上海　■伦敦　■巴黎

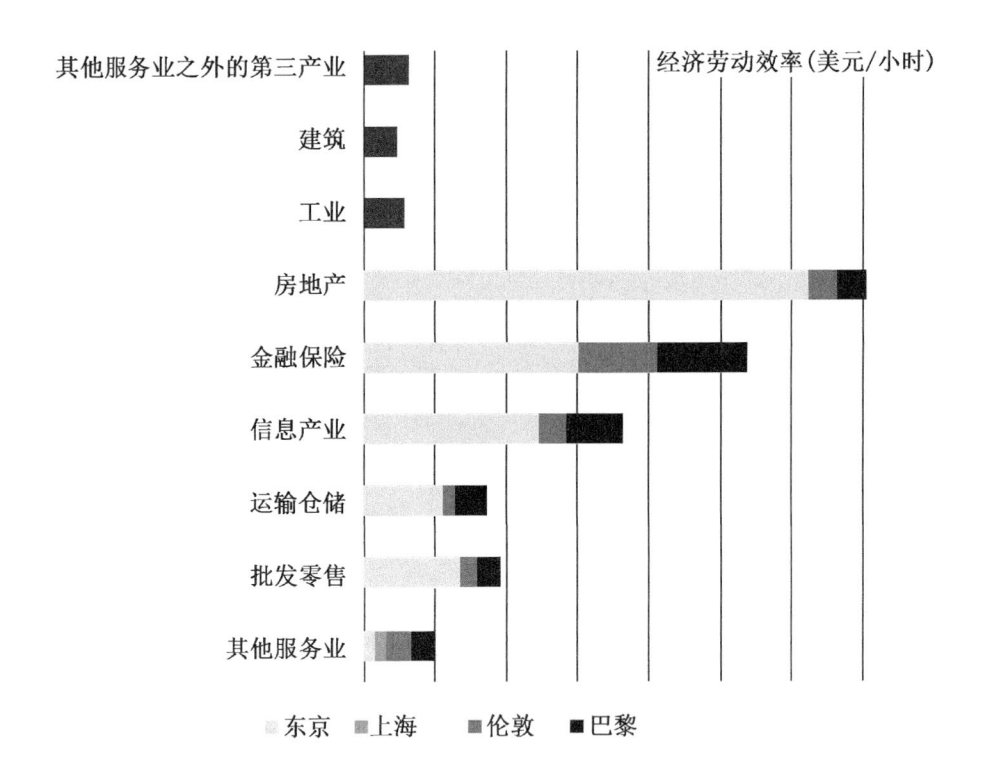

图 4-3　2012 年东京、上海、伦敦、巴黎服务业经济效率比较[①]

络,支撑服务生产力的国际化布局。如东京、伦敦等国际大都市就是通过其 CBD 系统在全球范围内构筑服务网络,形成人流、物流、资金流、信息流的强度聚集,在全球布局服务生产力(见图 4-4)。

当前上海服务业布局较为分散,以 CBD 为核心的服务业集群

---

① W. Han, Y. Geng, Y. Lu, J., Wilson, Y. Qian. Urban Metabolism of Megacities: A Comparative Analysis of Shanghai, Tokyo, London and Paris to Inform Low Carbon and Sustainable Development Pathways[J]. *Energy*,2018,155(15): 887—898.

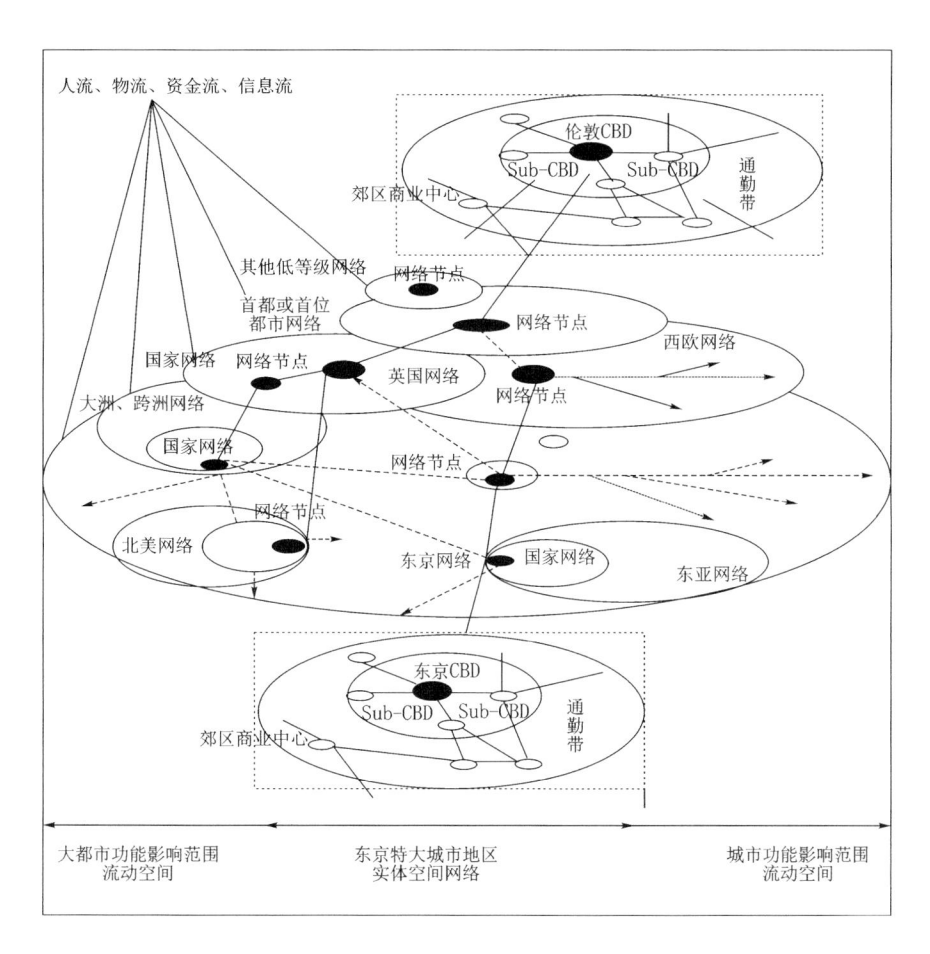

图 4-4　东京、伦敦等大都市全球层次服务网络

的发育还不够强大,特色服务业集聚区还不明显。同时,服务网络发育不足,服务生产力主要囿于市域范围与长江三角洲地区,在全国和全球范围内的布局网络尚不发达。这不利于上海在全国乃至全球范围内人流、资金流、信息流等的集聚与扩散,滞缓了服务业的发展。

三、政策体制的限制

（一）政策限制

当前，国家对服务业的管理依然非常严格，尤其是对金融、贸易、电信、航空、文化传媒等高端服务业领域的市场准入、价格制定、业务经营范围等有着诸多的限定。在此背景下，上海这些服务业部门发展所需要的政策很难突破国家政策框架的限制。

金融开放是国际大都市金融服务业发展的必要条件。由于我国资本项目下货币自由兑换尚未开放，外资金融机构经营范围受到限制，金融机构存在地区性税负差异，以致目前上海的金融服务功能发育还不完善，无法满足日益多样化的市场需求。这严重地阻碍了上海金融服务业的发展，也不利于上海国际金融中心的建设。

（二）体制与环境的限制

服务业发展需要制定实施灵活、有效的产业发展政策，营造良好的体制与环境。而上海服务业发展进程中的某些观念还明显滞后，部门垄断和政策配套环境不规范的现象仍然突出。长期以来，上海电信、教育、医疗、传媒、文化等服务业大多由政府部门包办，政策制定和执行者往往缺乏以市场为配置资源基础的观念，造成该领域的产业发展政策往往带有计划经济的色彩，部门垄断现象严重。这违反了市场平等进入、公平竞争的原则，服务业整体效率难以提高,服务业竞争力水平难以提升。再如,因上海服务业领域政企不分现象仍然存在,服务业规范发展所依赖的透明、完善的法律法规体系有待进一步完善。

同时,加快服务业发展所需要的政策支持环境、市场监管环境尚不够规范,无法获得国际国内投资者的充分认同,难以打破自我循环、自我服务的怪圈,这也严重阻碍了上海服务业迈向区域化、国际化的进程。如上海的贸易便利化指数及国内市场准入、国际市场准入、过境管理、海关管理效率、经商环境、商业环境管理等不及新加坡和香港,也不及美国、日本、英国等国的总体水平(见表4-15)。

表4-15 2010年上海、香港和新加坡贸易便利化排名

国家(地区)	新加坡	中国香港	中国上海	美国	日本	英国
贸易便利化指数	1	2	48	19	25	48
市场准入	1	16	79	62	51	91
国内市场准入	2	1	81	29	91	77
国际市场准入	16	123	83	116	24	90
过境管理	1	6	43	19	16	13
海关管理效率	1	13	40	11	17	8
进出口清关效率	1	2	33	17	18	16
过境管理透明度	2	14	56	22	15	19
交通通信设施	7	5	43	11	52	2
交通设施的可得性和质量	7	8	57	12	50	6

(续表)

国家(地区)	新加坡	中国香港	中国上海	美国	日本	英国
运输服务的可得性和质量	1	9	18	16	53	6
ICT可得性	16	2	70	12	65	5
经商环境	2	5	41	37	34	32
商业环境管理	1	6	43	22	28	19
经营安全度	12	7	44	58	48	56

资料来源：彭羽,沈玉良.上海、香港、新加坡吸引跨国公司地区总部的综合环境比[J].国际商务研究,2012,33(4)：5-12.

（三）腹地分割限制

对于大都市而言,广阔的腹地是支撑其服务业持续发展的根本。纽约、东京、伦敦、巴黎、香港等国际大都市发达的服务业与其广阔而发达的腹地是分不开的。如纽约服务业的服务范围早已超出纽约市、纽约州,其金融业、文化信息服务业的服务对象和影响力波及全美乃至世界范围；东京都市圈服务业市场域远远超出行政版图,扩大到日本全国乃至东亚地区；香港服务业市场域远远超出香港范围,强烈地辐射到祖国内地和东南亚地区。

相比之下,由于行政区划体制和"分灶吃饭"财税管理体制的作用,行政壁垒长期存在,资源与市场的区域分割严重,导致上海服务业腹地狭窄,其服务业进一步发展的空间也受到很大的限制。在日趋激烈的市场竞争中,上海与周边地区间的竞争意识仍然强于共赢意识,导致彼此之间利益冲突比较明显,合作发展的动力不足,长江三角洲诸城市间的联动发展缺乏有效的推动体制与机制,政府间的磋商与协调机制等有待进一步加强,市场准入体系尚未建立,无法形成长三角一体化服务市场体系,资金、技术、人才等生产要素难以突破行政界限实现自由、合理流动。这严重制约了上海服务业的规模扩张和腹地的延伸,弱化了上海金融、房地产、教育、卫生、文化等优势服务行业的集聚与辐射功能,限制了其国内、国际市场的发展空间。

(四) 市场主体发育有待加强

发挥市场在资源配置方面的基础性作用是大都市服务业得以持续发展的根本保证,这要求作为微观经济主体的企业充满活力,要求多种所有制渗透融合、共同发展。由于历史原因,上海的许多服务业仍由政府或事业单位提供,如高等教育、市场中介服务、医疗卫生服务、文化传媒和民政福利事业等。这些领域的经营主体大多是国有企业或脱胎于国有企业和事业单位,尚未发育成为成熟的市场化主体。它们的行政依附性强,深受产权制度、市场体制的制约,参与市场竞争的主动性和积极性不高,运作效率低下,经济活力不足,服务意识和竞争意识差。同时,由于市场准入的限制,民营企业、外资和沪外相关企业尚未大规模进入上海众多服务业领域参与竞争,多种市场主体融合渗透、共同发展的局面尚未形成。这自然滞缓了上海服务业的发展。

（五）人力资本的限制

现代生产性服务业发展速度、水平、质量决定了大都市服务业发展的规模和竞争力。而先进的现代服务业发展需要充足的人力资本支持。目前，上海百万人中在校大专及以上受教育人数占在校学生比例为1 342人，低于香港的2 619人和新加坡的6 088人；在校大专及以上受教育人数占在校学生比例为12.47%，低于香港的21.5%和新加坡的23.52%；熟练使用两种语言以上人口比例为11.28%，低于香港的39%和新加坡的48.5%；常住外籍人口占总人口比例为0.72%，低于香港的7.09%和新加坡的29.16%（见表4-16）。人力资本的不足日趋成为限制上海服务业高质量发展的重要因素。

表4-16　　　　　　三城市人力资本情况

单位：人，%

百万人中的人口状况	上海	香港	新加坡
在校大专及以上受教育人数	1 342	2 619	6 088
大专及以上文化程度占15岁及以上人口比例	12.47	21.5	23.52
熟练使用两种语言以上人口比例	11.28	39	48.5
常住外籍人口占总人口比例	0.72	7.09	29.16

资料来源：彭羽，沈玉良.上海、香港、新加坡吸引跨国公司地区总部的综合环境比[J].国际商务研究，2012，33(4)：5-12.

四、商务成本的压力

商务成本是企业在开办和经营过程中与企业所在地相关的各种货币化生产要素支出以及其他公用事业费用、管理费用等的集合,包括劳动力成本、土地成本、资金成本、基础设施使用费、税收费用等。它具有强烈的地方属性,是一个与企业所在地相关的概念。

目前,上海服务业发展面临较大的商务成本压力,其中土地成本最为沉重。上海的面积仅为天津的1/2、北京的1/3、重庆的1/20,土地资源相对来说较为匮乏,再加上改革开放以来四十余年的持续发展,上海可开发利用的土地少之又少,土地成本日益提高。[①] 在2019年8月中国130个城市办公楼平均租金的排名中,上海办公楼平均租金为130(元/月/平方米)[②],排在第二位,远高于国内其他大城市。根据世邦魏理仕发布的《全球优质写字楼租用成本调查报告》,浦东已成为全球排在第十位的昂贵地区(见表4-17)。高涨的土地成本在推动商务成本逐步上升的同时,也给上海服务业发展造成了巨大的影响。

[①] 王方华.世博会与上海经济[M].上海:上海交通大学出版社,2003:172-173.

[②] 2019年8月中国130个城市办公楼平均租金价格排名[EB/OL].(2019-09-01). http://www.qqjjsj.com/show149a93035.

表 4-17　　　　　　全球十大高租金成本城市

排名	市场租金成本	租用成本（美元/平方米/年）
1	香港中环	3 252.8
2	伦敦西区	2 299.5
3	纽约曼哈顿中城	2 180.5
4	香港九龙中国城	2 043.2
5	北京 CBD	1 968.8
6	北京金融街	1 831.1
7	东京(丸之内/大手町)	1 739.4
8	纽约曼哈顿中城-南区	1 679.5
9	新德里(康诺特广场-CBD)	1 654.7
10	上海浦东	1 438.9

资料来源：2019 年 8 月中国 130 个城市办公楼平均租金价格排名[EB/OL](2019-09-01). http://www.qqjjsj.com.

除土地成本外，从构成商务成本的税收来说，上海的压力也很大。上海企业所得税税率为 25%，增值税税率为 17%（见表 4-18），明显高于香港、新加坡和世界平均水平，这也是造成上海商务成本较高的又一因素。

表 4-18　　　　　　上海的税负情况

单位：%

税种	企业所得税税率	增值税税率	个人最高所得税税率
上海	25	17	45
香港	16.5	0	17

(续表)

税种	企业所得税税率	增值税税率	个人最高所得税税率
新加坡	17	出口：0，进口7%	20
世界平均	24.99	15.61	—

资料来源：彭羽,沈玉良.上海、香港、新加坡吸引跨国公司地区总部的综合环境比[J].国际商务研究,2012,33(4)：5-12.

第三节　上海服务业发展的有利条件

一、FDI的有力推动

20世纪90年代以来,经济全球化的浪潮不断高涨,中国对外开放的步伐也日益加大。作为中国对外开放的门户,上海借助浦东开发开放的契机,配合各级开发区的快速发展,不断加大招商引资力度。1992—2002年,上海吸引外资以年均15%以上的速度增长,成为我国引进外资数量最多的城市之一。1997年和1998年,在亚洲金融危机的影响下,中国香港、日本、韩国等亚洲国家和地区减少了对中国的投资活动,上海的招商引资数量一度有所下降。经过一系列调整后,上海对外招商引资活动重新跃上一个较高的台阶。2017年上海利用外资超过170亿美元,2019年超过190亿美元(见表4-19)。

表 4-19 主要年份上海利用外资情况

单位：亿美元

1985	1990	1991	1992	1993	1994	1995	1996	1997
0.62	1.77	1.75	12.59	23.80	32.31	32.5	47.16	48.08
1998	1999	2000	2001	2002	2003	2004	2005	2006
36.38	30.48	31.6	43.92	50.3	58.5	65.4	68.5	71.07
2007	2008	2009	2010	2011	2012	2013	2014	2015
79.20	100.84	105.38	111.21	126.01	151.85	167.80	181.66	184.59
2016	2017	2018	2019					
185.14	170.08	173.00	190.48					

资料来源：上海市统计局.上海统计年鉴[M].北京：中国统计出版社,各年.

就外资投入的产业选择而言,2006年前来到上海的外资主要投向工业行业,2007后第三产业开始成为外资的主要投资对象。如2002年底前上海利用的404.15亿美元外资中,投向第一产业的为0.82亿美元;投向第二产业的,工业为212.7亿美元,建筑业为2.49亿美元;投向第三产业的为187.97亿美元。[①] 2006年底,上海累计实际利用外资667.63亿美元,其中投向工业的为336.50亿美元,投向第三产业的为329.66亿美元。但2007年情况开始发生变化,截至该年年底上海累计实际利用外资746.83亿美元,其中服务业累计实际利用外资达到382.81亿美元,超过了工业的362.47亿美元。此后,外资投向第三产业的数量不断加大。到2017年底,在上海累计实际利用的2 231.50亿美元的外资中,投向工业的为588.63亿美元,仅占上海全部实际利用外资的26.73%;投向第三产业的高达1 630.51亿美元,占上海全部实际利用外资的73.07%(见表4-20)。

在第二产业中,外商投资方向主要集中在以电子信息为主的高新技术产业、以新型纺织材料为代表的新材料产业、生物医药产业、汽车零部件及机电一体化、精细化工等行业部门;在第三产业中,外资更多的投资于房地产业、社会服务业以及批发零售、贸易、餐饮业。外资的注入,提供的不仅仅是大量的资金,还有成熟、先进的技术和管理经验,大大刺激了上海产业结构的升级换代,使上海的工业从20世纪90年代初主要以轻工业为主逐渐向以重化工业和高新技术产业为主转变,并刺激了服务业的快速发展。

---

① 上海市统计局.上海统计年鉴[M].北京:中国统计出版社,2006.

表 4-20　上海利用外资情况

		合同数（个）		合同金额（亿美元）		实到金额（亿美元）	
		2017	至2017年底累计	2017	至2017年底累计	2017	至2017年底累计
全部产业	数量	3 950	91 518	401.94	4 242.25	170.08	2 231.50
第一产业	数量	3	321	0.42	7.27	0.06	4.52
	占比(%)	0.08	0.35	0.10	0.17	0.04	0.20
第二产业	数量	99	26 664	17.56	990.86	8.49	596.37
	占比(%)	2.51	29.14	4.37	23.36	4.99	26.73
#工业	数量	70	25 653	16.93	965.88	8.25	588.63
	占比(%)	2.51	29.14	4.37	23.36	4.99	26.73
第三产业	数量	3 848	64 533	383.96	3 208.15	161.53	1 630.51
	占比(%)	97.42	70.51	95.53	75.62	94.97	73.07

资料来源：上海市统计局.上海统计年鉴[M].北京：中国统计出版社，2018.

大量外资进入上海,还给上海带来了另外一个意想不到的结果,就是跨国公司总部在上海的云集。这些跨国公司总部主要集中在上海的CBD范围内,尤其是集聚在浦东一带。截至2019年6月,落户浦东的跨国公司总部有315家,几乎占上海拥有的跨国公司总部数量的一半。跨国公司总部大举进入上海CBD,强化了这里服务业的集群功能和竞争力,进一步推动了上海服务业的快速发展。

二、后发优势

所谓后发优势,是指落后国家通过学习、模仿、观察,在较短时间内以低于开发成本的代价掌握先进国家投入大量资金、耗费较长时间才创新出来的科技成果和其他知识以及经验教训,并在某些领域赶超先进国家。[①]

上海服务业发展的后发优势十分明显。目前,上海服务业发展虽然取得了长足的进步,但依然处在全球产业分工的低层。在追赶发达国家的国际大都市服务业发展的同时,上海服务业有着极大的机会去学习它们的先进经验,模仿它们的发展路径和模式,并通过观察它们的一举一动,总结经验教训,吸取其所长,避开其所短。

后发展国家在发展经济的过程中也遇到来自先进国家极大

---

① 杨桂华.知识经济与社会变革:知名专家学者访谈[M].石家庄:河北人民出版社,1999:107-111.

的竞争压力。这种压力有可能成为发展的阻力,也有可能变成后发效益。正如发展经济学家赫希曼所指出的:"一旦经济进步在先驱国家成为现实,模仿、追随、迎头赶上的强烈愿望显然成为后发展国家将采用何种行动的重要决定因素。"[①]对上海服务业来说,也是如此。在经济全球化的压力下,面对东京、新加坡、香港等国际大都市以及长江三角洲和其他国内城市的竞争,其服务业及城市整体的发展要求必然日益提高,这必将加速乃至放大这种后发优势的正效应,从而促进服务业国际竞争力的快速发展。

三、政府的支持

20世纪50年代至70年代末我国实行的是计划经济。在"全国一盘棋"思想的指导下,中国的城市基本上只能执行中央的决策,因地制宜、自主发展经济的权力十分有限。在当时的资源条件和国际环境的制约下,我国实行的是非均衡的工业化政策,把投资的重点放在工业特别是重工业部门,以致许多城市逐渐从过去的多功能的全国经济中心逐渐演变为功能单一的工业城市。上海即是最典型的代表。

改革开放后,随着市场经济体制的建立,中央开始逐步下放权力,地方政府在区域经济发展方面的作用日益突出。在此背景

---

① 周青.市场经济下的政府经济职能[M].厦门:厦门大学出版社,2001:28-45.

下，一些战略性政策及其配套措施相继出台，从根本上扭转了上海过去几十年延续下来的"重生产、轻流通""重实物、轻服务"的经济发展模式，不仅明确了服务业在上海经济发展中的重要地位，而且为上海服务业实现高速增长提供了有力的政策支持，使服务业中的大部分行业实现了量与质的飞跃。

从金融政策来看，自20世纪90年代以来中央政府对上海的金融中心建设十分支持，把几个国家级的金融交易市场建在上海。这一时期上海的市场化进程在全国取得了领先地位，证券市场、期货市场、外汇市场、技术市场、人才市场、房地产市场等如雨后春笋般涌现，不仅从根本上转变了上海的城市功能性质，使上海由生产型城市恢复为经济中心城市，而且极大程度地激发了证券、期货、房地产等行业的发展活力，有力地带动了整个服务业的快速发展。

从土地有偿使用制度来看，1987年11月11日我国开始实行城市土地有偿使用制度。这一制度促进了城市土地使用功能的置换。1988年以来上海实现了大规模的土地批租，这些用地普遍改变了原先的使用性质。随着城市用地结构的改变以及CBD的优化，市中心吸引了投资收益率高的高职能产业，如金融、保险、证券、房地产、办公等，将用地较广、收益较低、污染较严重的工业迁往郊区或周边地区。这样，从资源优化配置的角度来看，市区自然实现了产业结构的升级，服务业在城市产业中日益占据重要位置。随着内城改造和道路等基础设施的建设，微观的优势区位的分布格局也在不断变化，加速了工业的郊迁和商务服务业的向心推进,使得服务业及其内部的许多部门重新获得了向优势区位发展的机会[①],竞争力因此获得了一定的提升。

从固定资产投资来看,自 20 世纪 90 年代初以来上海不断调整固定资产投资结构,加大对服务业的投资力度。如上海对服务业的投资 1992 年为 172.47 亿元,2017 年为 6 211.42 亿元,增长了 35 倍,年均增长 15.41%。2005 年上海固定资产投资中 74.2% 投向了服务业,2017 年服务业的总固定资产投资进一步增长为 86.9%(见表 4-21)。从服务业投资结构看,在服务业细分部门中房地产占有最大比例,其次是水利、环境和公共设施管理业,再次是交通运输。所有这些,明显促进了上海服务业的快速发展。

表 4-21 2005—2017 年上海地方服务业投资结构

单位:%

占总投资比重	2005	2010	2015	2016	2017
服务业	74.2	76.3	86.1	86.2	86.9
批发和零售业	1.2	1.6	0.6	0.6	0.3
交通运输、仓储和邮政业	12.2	11.0	10.2	10.3	10.2
住宿和餐饮业	1.1	1.0	0.5	0.3	0.2
信息传输、软件和信息技术服务业	0.3	0.3	0.8	1.9	1.6
金融业	0.0	0.5	0.2	0.0	0.1
房地产业	43.9	47.6	59.1	59.1	56.5
租赁和商务服务业	0.6	1.2	1.6	1.8	2.1

---

① 崔蕴.上海市生产性服务业发展与城市功能提升研究[D].华东师范大学硕士学位论文,2005 年.

（续表）

占总投资比重	2005	2010	2015	2016	2017
科学研究和技术服务业	0.4	0.4	0.7	0.6	0.7
水利、环境和公共设施管理业	10.2	9.7	8.2	7.8	12.0
居民服务、修理和其他服务业	0.1	0.1	0.0	0.0	0.0
教育	1.1	0.9	1.4	1.1	1.3
卫生和社会工作	0.6	0.8	0.7	0.6	0.7
文化、体育和娱乐业	2.0	1.0	1.9	1.8	0.9
公共管理、社会保障和社会组织	0.5	0.4	0.2	0.2	0.3

资料来源：根据上海统计年鉴各年数据计算。

根据上海的总体规划（2017—2035），上海在继续推动国际经济、金融、贸易中心和国际航运中心建设的同时，提出要建设全球卓越的科技创新之城和生态之城。为此，从中央政府到上海地方政府，都在进一步强力支持上海的服务业，不断尝试新的服务业发展与管理模式，高度重视生产性高端服务业发展，力争全面推动上海服务业的发展。这无疑为上海服务业的发展提供了新的契机。

四、良好的区位和发展机遇

（一）良好的区位资源

上海服务业发展拥有极好的区位条件。

首先，上海港群在全国最大，内以长江黄金水道沟通流域腹地，外与130多个国家有密切的经济联系。2018年上海口岸货物达到7.3亿吨，港口集装箱吞吐量达4 201.0万标箱，位居世界首位。上海口岸进出口货物总值占全国进出口货物总值的27.9%。在京沪铁路、沪杭甬铁路、虹桥国际机场、浦东国际机场以及密集的公路网、快捷的铁路网和高铁配套下，上海已形成便捷的海陆空综合交通体系。

其次，上海位于长江经济带和沿海经济带的交汇处，腹地广阔，经济发展水平较高。近代以来，长江流域和东部沿海地区一直是我国经济较为发达的地区。改革开放以来，这里的经济发展更为快速。2018年长江经济带11省市共实现GDP 40.30万亿元，占全国的比例高达44.76%；同年沿海经济带中经济最为发达的广东、福建、浙江和江苏四省的GDP合计达28.19万亿元，占全国的比例高达31%。发达的腹地经济，对上海产业发展十分有利。

最后，上海经济实力雄厚，智力资源丰富，创新能力强，知名度较高。作为中国最大的经济城市，上海一直是中国的经济中心。2017年上海GDP总量首次超过3万亿元，2019年上海的GDP接近4万亿元。上海也是中国高素质人才的汇聚之地，不仅有复旦大学、上海交通大学、同济大学、华东师范大学、华东理工大学和东华大学等众多全国知名的高校，有中科院有机所、药物所、硅酸盐所及中国商飞上海飞机设计研究院等众多顶尖的科研机构，而且拥有多家跨国公司的研发总部。以此为核心，上海聚集了一大批高质量的人才,具有很强的创新能力。作为20世纪30年代的"东方小巴黎",上海在国际社会上具有很高的知名度,并一直保持良好的国际形象,是领导中国及东亚潮流的重要力量,也是中国着力培育国际大都市的首选对象。发展上海的国际竞争力,已成为中国总体发展战略的重要一环。所有这些,都为上海服务业的进一步发展奠定了坚实的基础。

(二)良好的发展机遇

目前,上海服务业有着良好的发展机遇。

首先,中国经过改革开放之后40多年的发展,经济持续景气。高速发展的经济触发了强大的需求。根据日本、韩国等国家的经验,中国经济今后仍有二三十年的高速增长期,投资消费和居民生活消费必然持续增长。潜力巨大的国内市场需求是上海服务业发展的坚实基础。

其次,全球性的产业结构调整为上海服务业发展带来了良好的国际机遇。目前,世界经济正经历自工业革命以来的第四次长期波动,全球范围内的产业结构调整进入加速阶段,发达国家和地区的服务外包加强,跨国公司服务化倾向加剧,强化了全球服务网络和大都市服务"网络结点"的构建。这为上海服务业发展提供了良好的机遇。上海十分重视这一机遇,相继出台了一系列更加符合国际规范、更加优惠的政策。

如今,上海已经成为跨国公司全球大都市服务网络结点的必选城市,就连以往因中国研发实力不足而不愿意将核心研发覆盖中国的国际巨型医药跨国公司也纷纷加强在上海的研发布局。辉瑞、罗氏、诺华、阿斯利康等全球十大医药巨头中已经有6家在上海设立了研发中心,并逐步将上海加入其全球最前沿的研发进程。截至2019年10月,上海共吸聚710家跨国公司的地区总部,其中亚太地区总部114家,研发中心453家。这些总部的经济效应十分显著,它们在数量占比上不足外资企业总数的2%,但2018年为上海贡献的就业、税收、利润和营业收入分别超过了6%、12%、17%和10%。[①] 所有这些,为上海服务业发展带来了新的机遇。

小　　结

本章在分析上海服务业发展现状的基础上,探讨了上海服务业发展过程中存在的主要问题,并对上海服务业发展的条件进行了总结评价。自20世纪90年代以来上海服务业发展迅速,与国内其他省份比较,优势明显,但与国际大都市比较,上海服务业整体发展水平还很低,国际竞争力较差。当前上海服务业发展中的主要问题有服务业投入—产出效率下滑,服务业增长率、新兴服务业贡献率波动大,高层次服务业增长动力不足,发展深受政策体制限制等。上海服务业发展具有许多有利条件,如

[①] 田泓.上海跨国公司总部达710家[EB/OL](2019-11-20). http://sh.people.com.cn/n2/2019/1120/c134768-33561099.html.

FDI 的有力推动、商务成本的压力与推力、后发优势、政府政策支持、良好的区位资源和发展机遇等。如何把握有利条件,克服不利因素的影响,以推动自身的发展,是上海服务业今后应该思考的重要问题。

第五章

上海服务业发展的战略构想

从建设世界级城市的目标出发,按照建设国际经济、金融、贸易、航运和科创中心的战略定位,上海应在继续重视第二产业基础地位的同时,优先发展第三产业,力争建立高层次、开放型的服务业体系,不断提升服务业的能级、规模,从而促进产业竞争力和经济总体水平的提升。

第一节　上海服务业发展的战略思路

一、未来服务业发展的重点产业选择

（一）未来服务业发展的重点产业选择原则

综合考虑上海产业发展的现状及优劣势，未来上海服务业发展应当遵循如下产业选择原则：

1. 高附加值原则

上海要建立国际经济中心城市，其土地级差地租势必较高，只有高技术含量、高附加值的产业，才能体现产业发展的高起点、高层次要求，从而在上海获得生存和发展。

2. 高开放度原则

上海要形成国际经济中心城市，其产业体系必然是高度国际化的，只有高开放度的产业体系才能体现上海城市的国际化，才能较好地发挥联系国内与国外的桥梁作用。

3. 高关联度原则

高关联度既包括高前向关联度和高后向关联度，又包括高旁侧关联度，也包括高产品关联度和高资金、商品、信息关联度。只有发展具有高关联度的产业，才能带动整个上海经济走向现代化和国际化。

4. 高就业吸纳原则

结合上海产业结构的调整，在大力发展资本技术密集型现代服务业的同时，适度发展科学研究等高端劳动密集型的服务业部门，以增加就业。

5. 国际分工原则

作为全球经济的控制枢纽，国际化大都市必须具备较强的比较优势和竞争优势，其产业定位、产业体系必须遵循国际劳动地域分工规律。

6. 集聚与全球网络构筑原则

随着信息技术与全球化水平的提高，全球城市发展迅速，全球城市体系日趋完善。现代国际大都市的基本特征就是以现代服务业为主导，具有高度的集聚扩散特征。因此，国际大都市经济发展必须坚持与城市体系相匹配原则，集聚全球性管控资源，拓展全球性服务经济网络，发展高层次的现代服务业。

（二）未来上海服务业发展的重点部门

根据上海发展的实际情况，未来上海服务业应重点构筑金融、物流、商贸、信息、旅游、文化、科学研究七大产业架构。

金融业是大都市最重要的管控资源，有影响的国际大都市都需要金融服务业的支撑。上海正在建设国际金融中心，金融业必须作为重要的服务业支柱产业来发展。

国际经验表明，大都市服务经济是靠经济"流"来支撑的，大都市服务经济更重要的特征就是流量经济。上海战略定位之一就是建设国际航运中心,因此现代物流业是上海必须重点发展的服务业部门。

作为上海的传统服务业部门,商贸服务一直规模较大,发展也比较快。商贸服务虽然是传统的产业部门,但在国际大都市的发展中始终扮演着十分重要的角色。例如,纽约、巴黎等国际大都市都是购物天堂。因此,该部门仍然是上海需要发展的重要的服务业部门。

在信息时代的今天,信息已成为大都市发展的重要资源,信息服务业发展水平是大都市服务业发展水平的基本标志。目前上海信息服务业规模相比其他服务业部门较大,发展速度也较快,是上海必须大力发展的服务业。

一般而言,旅游业是大都市重要的服务业。在很长一段时间,由于各种原因,上海的旅游业发展相对落后。如2003年上海旅游总收入为1 250.2亿元,占GDP的比重为5.4%,其中旅游外汇收入仅相当于纽约、巴黎、伦敦的1/5左右,香港的1/4左右。随着中国改革开放和经济的进步,上海的旅游业也获得了显著的发展,但是与国际大都市比较,差距依然很大。如2018年上海旅游业总收入为5 092.32亿元,增加值达2 078.64亿元,占GDP的比重为6.4%。然而,上海的入境过夜游客数量只有742.04万人次,与伦敦、巴黎、纽约、东京等国际大都市1 000万人次甚至2 000万人次的水平相比,差距明显。因此,上海在推动现代服务业发展的过程中,应当继续大力发展旅游业。

作为21世纪的无烟工业,文化产业一直是许多国际大都市的重要产业。如21世纪以来伦敦15%的收入来自文化产业,文化产业产值每年达250亿—290亿英镑。20世纪90年代以来上海文化产业也开始逐渐发展起来。2003年上海文化产业增加值达到368.44亿元,占全市生产总值比重达5.9%。尽管与当时的伦敦等国际大都市相比差距明显,但已成为上海服务业的重要组成部分。此后,上海文化产业发展进一步加快。至2017年,上海文化产业增加值达到2081.42亿元,占全市生产总值的比重达6.8%,已成为体现上海城市综合服务功能的重要载体。但由于基础薄弱,上海文化产业的发展水平仍未赶上伦敦在21世纪初的水平。可见,上海文化产业的发展今后仍有很大的上升空间。

未来的产业竞争主要是科技创新的竞争。上海作为国际大都市,其国际竞争力必然主要来自科技创新。因此,科学研究服务必将日益成为上海生产性服务业的支柱。

二、未来服务业发展的空间布局

(一) 服务业布局的基本原则

1. 群—带原则

所谓群—带原则,就是要通过构筑服务产业群和服务产业带推动服务经济发展。从世界范围来看,国际大都市多以CBD与SUB-CBD为核心构筑服务业集群,并通过基础设施将主要集群在市域范围连接成带。当前,上海建设"四个国际中心"的大都市战略正在积极推进,经济发展现状也显示了上海处于经济转型和产业结构高级化迅速发展的阶段。国内外研究表明,正在进行的新一轮国际产业转移的重点是先进制造业和服务业。前者包括制造及相关研究、服务等环节联动转移,后者包括金融保险、信息服务、会计、法律服务等多部门的转移。这为上海发挥科技教育优势、加快服务业发展提供了难得的机遇。

在这种快速发展与变化的过程中,上海应结合自身优势,抓住机遇,对目前的各行业进行全面细致的分析,有所取舍,构建新型服务业体系。在此过程中,应重点扶持三个不同类型的产业集群:

(1) 支柱产业集群

以劳动生产率、国内外市场占有率、对经济增长的贡献率和该行业产值增长状况等指标为界定标准,将支撑上海服务经济的主要行业纳入该产业集群,这类行业包括金融保险、商贸、物流、旅游与房地产等。

(2) 战略产业集群

以世界科技发展潮流、自主创新能力、行业带动能力等因素为界定标准,将影响未来经济增长、具备高度发展可能性的行业纳入该产业集群,这类行业包括信息服务、电影艺术、软件、知识产权管理、咨询、科教文卫等。

(3) 辅助产业集群

以非基本功能、吸收劳动力、低进入门槛和公共服务等因素做界定标准,将都市型产业和基础设施产业纳入该产业集群,这类行业包括包装印刷、工艺美术、社区服务、餐饮及交通运输、邮电、水煤气供应、电力供应、政府服务等。

(4) 科技创新生态群

基于先进的政策和制度设计,发挥本地资本优势,培育精英科技人才,在全球范围吸聚一流人才和研发创新资本,形成激励创新的良好生态、开放的创新生态网络和强大、可持续发展的创新力,支持高端服务业快速发展和升级换代。

同时,要根据服务产业群的分布特征,将服务产业群通过服务基础设施连接成条—带等空间组合,以进一步活化资源,提高资源效能。

2. CBD系统功能强化与完善原则

大都市CBD是服务业高度集中的区域,是大都市现代服务业发展规模、发展水平的基本表征,也是大都市服务业国际竞争力及其在全球城市体系中的能级和地位的根本体现。

一般而言,国际大都市多由CBD和SUB-CBD共同构成CBD系统,成为大都市整体与市域内次区域的服务集聚中心。大都市主要通过CBD系统的巨大集聚—辐射功能,不断吸聚外围资金、信息、人才,同时为外围提供生产、生活服务,从而促成服务业的快速发展。

因此,大都市的服务业生产力布局应当以加强CBD建设、增强CBD的功能为核心。

3. 依靠跨国公司与世界城市形成网络布局

随着信息技术和经济全球化的发展,世界城市体系不断完善,大都市之间的联系日益密切,其服务业发展在一定程度上决定于其在世界城市网络体系中的能级和地位以及国际服务"网络结点"作用的大小。

大都市是跨国公司的"载体",大都市服务网络主要以大型跨国公司为基本的微观服务经济主体,借助其密集的海内外联系和FDI所形成的跨国或全球性服务网络来支撑。大都市服务业生产力的布局一方面是服务基础设施网络的布局,表现为交通、通信等网络的空间展布;另一方面是服务网络内的服务流布局,表现为旅游流、人才流、资金流、信息流等的流量、流向、流速特征及其合理调整。

在布局服务业发展时,大都市应努力吸聚并留住跨国公司的入住,并以之为依托,与世界城市相连接,将自身嵌入世界范围的服务网络。

(二)上海服务业空间上的群—带组构和网络布局

1. 上海服务业空间上的群—带组构

根据服务设施的现状和发展趋势,上海服务业在市域空间上应形成"四带五群"的布局架构。

(1)"四带"

① 苏州河——旅游休闲服务带

苏州河作为上海的母亲河,拥有丰富的历史文化资源,具有开展水上旅游服务、生态教育服务的条件,应当充分利用这些资源条件,借鉴泰晤士河、塞纳河等国际大都市河流旅游服务业建设的经验,建设苏州河综合旅游休闲服务带。

② 延安路、世纪大道——多功能服务带

本轴线贯穿浦西与浦东,正好处于上海最繁华的CBD和增长最快、最有潜力的浦东新区。区内商店林立,银行云集,风景资源丰富,交通便捷,市级政府机构也多处于本带之中。本带可以大力发展旅游、商贸、金融、物流、房地产、会展等现代服务业,形成与国际大都市相匹配的现代服务业集聚带。

③ 沿海物流、旅游带

本带依托沿海岸带和港口新城,依靠黄浦江、苏州河、长江等水上通道和密集的公路、铁路、航空线路与内陆连通,并通过洋山等港口群和浦东机场等与海外联系,具有发展综合物流和旅游等服务业的良好条件。本带一方面要依靠沿海港口群发展海上物流,依靠铁路、公路、机场、内河等发展陆域物流,构筑海陆综合物流带;另一方面注重依托交通便捷的优势和良好的岸带景观资源,发展旅游服务业。

④ 杨浦—松江—闵行知识、文化、教育服务带

本带以轨道交通为纽带,是上海文教资源最为集中的区域,这里有复旦大学、同济大学、上海财经大学、华东师范大学、上海交通大学、东华大学等重要高校,是科学研究、知识教育、知识生产的重要集聚区。本带应当通过政府进一步支持,吸收研发型FDI,努力开展高校科研机构与企业合作,借助于官、学、研、企、外五位一体的资源开发运作机制,形成知识、文化、教育、研究、信息服务产业集聚带。

(2)"五群"

① 核心服务产业群

本群包括黄浦、静安、浦东新区西侧等区域。这里服务资源丰厚,如银行林立,大学、研究机构、医院、跨国公司的地区总部密集,交通便捷,市政府也在本区,可以大力发展以知识信息生产服务、旅游、购物、物流、金融、文化、房地产、会展、政府服务等为核心的综合服务业。

② 闵行服务产业群

本群包括莘庄和老闵行镇等地,有轨道交通 5 号线和 15 号线等与市区快速联通。这里有上海交通大学、华东师范大学、紫竹科学园、闵行开发区,可以发展以知识信息、物流、房地产等为核心的服务产业集群。

③ 杨浦服务产业群

本群内有杨浦大学城、五角场副中心和发达的交通网络,可以发展以知识信息服务业、文化产业、房地产业等为核心的服务产业集群。

④ 徐汇服务产业群

本群所在的徐汇区是上海最重要的 SUB-CBD 之一,具有深厚的历史基础和发达的市内交通网络,可以发展以知识信息生产中心、旅游、商贸、房地产业为核心的服务产业集群。

⑤ 芦洋服务产业群

本群主要位于芦潮港、大小洋山港和临港新城内。这一地区正在形成"芦洋航运特区",是上海国际航运中心、贸易中心的主要支撑,主要以港航、贸易服务为核心,大力发展为港航贸易服务的金融保险、会计咨询、信息服务、法律服务等追加服务贸易,以期逐渐形成包括综合物流、追加服务贸易、房地产、旅游等为特色的服务业集群。

2. 上海服务业空间上的网络布局

在服务空间布局方面,要强化市域服务基础设施建设,完善与长江三角洲及全国的服务基础设施网络;根据上海的国际化程度和发展态势,借助上海的服务企业、跨国公司总部及服务类跨国公司,构筑全球服务网络基础设施。同时,发掘上海的"造流"能力,调节其动态特征,形成合理布局。

具体而言,一方面,通过密切上海与内陆诸大城市及香港的联系,构筑强大的国内服务体系;另一方面,积极拓展上海与东京、大阪、神户、釜山、新加坡等大都市的联系与合作,形成强大的旅游、金融保险、港航运输、商贸、信息等服务功能;开拓上海与纽约、洛杉矶、费城、鹿特丹、伦敦等大都市的联系,发展港航运输、金融保险、信息等服务业,尤其注重发展离岸金融服务业。

第二节 上海服务业发展的政策措施

一、高层次定位、非均衡发展

(一) 未来上海服务业的发展定位

要向世界一流、世界领先、世界主导的国际大都市方向发展,这一战略目标决定了上海服务业发展的高起点、高定位。过去，上海常常不自觉地与苏州、无锡、杭州等城市站在同一层次上吸引外资，发展服务经济，这是不科学的。与周围城市相比，上海商务成本较高，若干全球比较优势有可能被其"瓜分"。如上海的品牌和在全球高等级城市中的比较优势和竞争优势所带来的吸引力和成果，在落实时往往被周边一些城市"夺留"。

上海服务业发展的参照系应当是纽约、伦敦、东京等国际顶级大都市及香港、新加坡等区域性国际大都市，应以"总部经济"为导向，不应与周边城市论短长。

（二）未来上海服务业的非均衡发展战略

未来上海服务业发展应根据自身条件，实行非均衡发展战略，具体包括以下几个方面：

① 转变饥渴性引资理念，利用自身优势，主要吸引各种类型、各种层次的大型跨国公司总部来沪落户，如研发总部、采购总部、营销总部和战略投资总部等，它们可以是中国总部、亚太总部，也可以是全球总部。

② 要注重在长江三角洲地区、全国和全球的分工和定位，发展高层次的服务业，如金融、信息服务、现代物流、科学研究等。

③ 培育产业制胜理念，推进产业创新，通过产业预见，开拓新的服务产业领域，先行发展，构筑先发服务业，优先提升竞争无对手或弱对手型服务业的竞争力。

④ 在以五个国际中心为主导的服务业发展中，根据服务部门

发展条件的成熟度,采取非均衡策略。如国际金融中心建设需要与国际接轨的制度政策,再者金融业规模较小,集聚能量、提高能级需要时日;国际贸易中心建设除自由港政策欠缺外,还受到若干追加服务不发育、规模较小等因素制约,短期内很难跳跃式达到国际大都市的门槛;而国际经济中心是其他三大中心建设的必然结果。与前三者相比,国际航运中心建设的制度与政策的自给性最强,货源充足,条件最佳。因此,应优先加快国际航运中心建设。

在国际航运中心建设的过程中,也要根据实际情况,采取非均衡战略。首先,要注重港区联动,大力发展综合港口物流;其次,延长港航服务链,发展高端服务。一般来说,港行业由上游的航运融资及管理服务(包括航运融资、海事保险、海事仲裁、海损理算、海运交易、海运咨询、公证公估、航运组织、航运专业机构、船舶管理等)、中游的海运业(包括油轮经济、货物服务、船舶租赁、拖船作业等)和下游的海运辅助业(包括码头服务、集装箱装场、仓储服务、船舶代理、货运代理、报关服务、理货服务、内陆运输服务、船舶供应服务、船员劳务等)组成。上海港行业目前主要集中在下游,应当努力谋求自由港政策和集疏能力,以港口业务为中心,规范下游环节,加速拓展中游产业链环节,重点发展上游产业链,促进现代港口物流业发展,加速国际航运中心的建设步伐,推动上海服务业快速发展。

二、重视高级要素再造和要素结构高级化

人类经济发展的历史表明,在不同的社会经济发展阶段,产

业经济的主导部门不同,推动经济增长的主导因素也不同。在前工业社会,主导产业经济部门是农业,生产主要通过人与自然的交流,投入大量体力和天然资源形成食品、手工业产品等,经济增长的主要因素是自然生产率。在工业社会,主导产业经济部门是工业,生产主要依靠人与机器的互动,大量投入资本,生产出工业产品,产业经济增长的主要因素是人的效率。在后工业化社会,人类进入知识型、服务型经济社会,生产主要是通过人与人之间的互动,大量投入知识,提供信息知识服务,产业增长的主要推动因素是信息、数据、技术、创造力和智力生产率。

由此可见,人类产业经济增长的支撑要素结构不断转变,日益由传统的自然要素转变为新兴的人工要素,即通过产业自我培育而形成的要素。其中的有些要素(如核心技术)难以通过市场购买获取,同时具有难以模仿等特点,必须自我培育。就现阶段来说,上海要想推动服务业的快速发展,应特别注意技术、品牌和高层次人才等人工要素的再造,以促进要素结构高级化。

(一) 技术要素培育

技术优势是服务业优势的根本来源。美国就是凭借IT服务技术无可比拟的创新力和一流的技术独占性,保持了其信息服务业的国际霸主地位。

要培育技术优势,应把握好以下几个方面:

① 通过一定的税收手段,支持服务企业技术更新换代,特别是要针对技术先进程度和更新速度,实行有差别的企业税收制

度,对采用新技术的企业实行较低的税率,对技术水平较低的企业实行较高的税率,促使企业形成一种技术更新换代的内在动力机制。

② 通过财政手段,如低息贷款、政府提供一定入股资金等方式,为服务企业的科技创新提供资金支持和保障。

③ 建立风险投资基金,并引导其流向服务业的科技创新。

④ 推进服务科技创新示范园区和服务科技创新基地建设。

⑤ 加强国际交流与合作,如合资组建研发机构,积极引进技术先进型的产业投资等,学习消化国外的先进技术,进行二次创新和超越。

(二) 品牌开发与培育

当今世界,品牌已成为产业优势成长的标志性要素资源。作为一种无形资产,它具备价值增值和规模扩张的优势,以及无与伦比的外部效应和用进废退的自我强化效应。越是用量巨大,越能强化品牌效应,实现价值增值;反之,则意味着品牌价值的贬值。服务是具有多样性、差异性和柔性的"产品",更需要品牌来维系消费者对它的认同。

培育一个品牌需要大量的资金投入。有关调查表明,培育一个国内品牌,至少需要花费 4 000 万元人民币,培育一个国际品牌则至少花费 7 000 万美元。有鉴于此,在培育服务品牌要素时,我们应努力做到既要抓住新兴服务业发展的机遇,培育新的品牌,也要挖掘既有的品牌,再造其品牌价值,并鼓励国际知名服务业品牌植入。

（三）服务业精英人才培育

这里的精英人才是指大师级的人才，如自然科学大师、管理科学大师等，他们是优势产业中最稀缺的要素，本身具有自我创造性、强带动性、高流动性、时间流失性和阶段性等特征。精英人才的获取和培养具有很高的风险性和难度，必须实行长远战略和高强度投入战略。

培育服务业精英人才的措施应包括以下几个方面：

① 建立有效的人才培训和引进机制。在人才培训过程中，应注重培养具有高素质、创新精神、能驾驭日新月异新技术的人才以及具有开创性的人才。同时，注意吸收境外、区外智力资源，鼓励人才流动。

② 完善、细化知识产权法规，采取灵活的利益分配方式，保证精英人才的"投入—产出平衡"，形成强有力的激励机制。

③ 加强对高校和若干科研机构的合作与财政支持，加快精英人才的培养，以生长出具有国际一流水准的大师级的精英。

三、加强法制化建设和民营服务业发展

（一）加强服务经济的法制化建设

法制化经济是市场经济的基本特征，服务业发展更是依赖法制环境。目前，上海服务业的法制化建设存在许多不足，如

服务业发展的法规框架不完善,许多服务领域的既有法规不能适应新型服务经济发展的要求;既有法规在执行过程中存在许多偏差,《企业破产法》虽已颁布,但形同虚设,ST、PT型上市公司虽基本上成为一具具空壳,但依然在股市中像"黑洞"一样"吸食"着大量资金,等等。这种企业"只生不死"的怪圈,无益于服务业淘汰机制的形成,难以促进服务业结构的合理化和高级化。

今后,上海要加速建设法制型服务经济。具体措施应包括:形成健全的法制网络,使服务业成为"有法可依、有法必依、执法必严、违法必究"的"法制化经济";通过有效的法制环境,形成"适者生存、强者发展、弱者淘汰"的机制,在引导社会资源流向效率更高的服务企业的同时,给企业经营者形成较大的经营压力,迫使其搞好经营管理,从而促进其发展。

(二)大力发展民营服务业

改革开放以来,民营经济已成为沿海地区经济发展的新亮点和活化、推动产业经济发展的新兴力量。但由于各种原因,上海民营经济的发展相对较为滞后。如2002年上海民营经济投资额占全社会总投资额的比重仅为14.1%;2017年上海民营经济尽管有了很大的发展,产值占上海GDP的25%,但同期江苏民营经济产值占全省GDP的55.4%,浙江达到65.2%,全国的平均水平则在60%以上。可见,目前的上海民营经济虽比21世纪之初有很大的进步,但仍落后于周边地区,也落后于全国的平均水平。

与上海民营经济发展滞后相伴随的是上海服务业领域民营资本投入的有限。持续造就私人投资者和企业家,应是上海服务业发展的重要战略措施。今后,上海应适度推进私产制度改革,重视民营服务企业的发展;应消除"金融歧视""政府采购歧视"和"行业歧视",将民营企业视为上海服务业发展中与国有企业、外资企业同等重要的一支大军,从而激发私人投资的热情,推动民营资本的增长。

四、构筑服务业与制造业的融合与互动机制

(一)上海服务业与制造业共同发展的条件和迫切需求

1. 上海具有资本优势和人才优势

一般而言,大都市的劳动力成本相对较高,土地成本、生活成本不断攀升;但人力资本的获取能力较强,资本的获取较便利,知识、技术创新活力较大。上海也不例外。上海土地资源紧缺,劳动力平均价格较高,但资本充裕,大部分居民受过初中及以上教育,普通型人力资本充足,加上外地人才的大量输入,劳动力素质较高。可见,上海的比较优势在于资本和人力资源,这为发展高层次制造业和服务业提供了条件。

2. 世界范围内新一轮产业转移日益加快,并将上海纳入重要的目标区位

目前,世界范围内的新一轮产业转移日益加快。这一轮转移

既有先进制造业,也有服务业。上海具有接纳这一转移的巨大优势,并日益成为此类外资的集聚地。上海以"一个龙头、五个中心"为支撑的国际大都市的定位,将日益强化其在长江三角洲地区的领导力和品牌力,极大地扩展上海的这种接纳力。对先进制造业外资和高层次生产性服务业外资兼收并蓄,将是上海服务业和制造业持续发展的强大动力。

3. 发展服务业的能力不断得到强化

作为国内经济之一"极",上海具备较高的经济位势,是国内企业发展的重要"战略观察地"。作为国际级的大都市,上海与国际社会联系密切,是国际资本进入中国的桥头堡。由此可见,上海具备服务业高层次发展运作的平台,是国内其他地区的产业资本嫁接国际产业资本和参与国际资本运作的"前沿阵地"。也正因此,国内资本不断云集上海。这些资本的向沪移动不断强化着上海服务业的发展能力。

4. 制造业与服务业同时发展是上海现阶段经济发展的内在需要

国际经验表明,在发展国际化大都市的过程中,制造业的高级化阶段不可逾越。上海人均 GDP 超过 20 000 美元,已过渡到后工业化社会,但制造业仍然是上海的优势产业。适度发展先进制造业,并借此推动现代服务业发展,是非常必要的。从世界产业经济发展的演变来看,制造业是服务业快速发展的前提和基础,服务业在任何时候都需要相匹配的制造业来支撑。如纽约的制造业主要局限于都市制造业,但其发达的服务业能够获得全美乃至全球先进制造业的强力支撑。目前上海的国际化程度有限，地域分工的实现程度不高。所以，上海国际大都市服务业发展需要自身先进制造业的支撑。

（二）精量发展先进制造业，催发高层次服务业，形成融合与互动机制

20世纪80年代以来，发达国家和地区的服务业发展十分迅速。究其原因，得益于生产性服务业的萌发。随着工业化的完成，生产性服务业开始从企业中分离出来，这是制造业升级的必然结果。高级化的制造业催生出高级化的服务业，加速了产业结构的升级换代。

例如，香港第三产业产值1950年占GDP的63.8%，1980年增长到67.5%，30年里仅增长了不足4个百分点。20世纪80年代后，随着制造业向珠江三角洲和广大内陆地区转移，香港制造业结构得到升级，服务业开始快速发展，并逐步高级化。到1985年，其服务业产值占GDP的70%，2000年进一步发展到86%，2010年后占GDP的比重已超过90%。而2000年以来新加坡经济的低迷，则与其仅仅依赖服务业和信息产业，缺乏制造业的强力支撑，无法消化商务成本上升和商务服务业、信息产业的泡沫有着密切的联系。

目前，上海服务业占GDP的比重在波动中呈现不断上升的趋势。但是这一趋势不完全是产业结构高级化的结果，而是就业等外在力量拖动和政策"硬催化"的产物。也就是说，上海制造业发展没有从根本上带动生产性服务业的萌发，以致社会服务和信息服务在低水平状态下过度膨胀。也正因此，上海服务业呈现出生产性服务业欠缺、行业结构不合理、就业水平低等缺陷，成为上海经济再发展的严重"瓶颈"。

要使服务业占比上升到80%以上，上海必须在相当长的时间里适度发展一流的制造业，并以其为支撑，催发产生一流的服务业。因此，今后上海制造业的发展定位应当具有相当的高度，要以硅谷的理念经营浦东IT产业带、发展新型技术密集型制造业，要通过高附加值的生产来消化成本的上升和其他比较优势的流失，从而绕开"比较优势陷阱"，将比较优势转化为竞争优势，并顺应国际潮流，出台相关政策，支持发展高层次的生产性服务业和商务服务业。上海尤其应借鉴香港、新加坡、纽约、东京等国际大都市的发展经验，依靠制造业的高级化，催发服务业的高级化，驱动服务业竞争力的提升。

总之，上海走先进制造业和现代服务业融合之路，推动服务业发展，势在必行；努力促进上海制造业和服务业的融合与互动机制的形成，推动服务业快速发展，是上海今后相当长一段时间不可或缺的战略选择。

五、提升城市整体形象，创建国际服务品牌

城市形象与服务品牌是历史角色、文化底蕴、人文风情、地理特征、产业优势和经济实力的综合集成，具有巨大的凝聚力、吸引

力和辐射力,①是城市领导区域经济的号召力、指挥力和导向力。城市整体形象及服务品牌的提升是服务业得以加快发展的必要条件。高效率的政府管理、通达的资讯流动、富有影响力的传媒、国际化的文化策源地功能等,都是提升城市整体形象、创造国际服务业中心城市品牌的基础性条件。然而,就目前上海的实际情况来看,距此还有较大的差距。因此,上海必须进行服务业发展环境创新,采取若干务实措施,提升上海大都市的整体形象,发挥大都市的服务品牌效应。

(一) 规范各项经济政策,提升城市经济管理水平

良好的城市经济管理水平,是城市形象的重要标志,也是吸引外资流入的重要条件。目前,大力吸引国外资本流入服务业领域,是上海服务业能够快速发展的重要保障。如前所述,它不仅可以给上海服务业发展带来资金的支持和带来先进的经验,还可以使上海借此不断嵌入国际产业链,从而使服务业得到更快的发展。

2000 年以来,在经济全球化不断发展的同时,逆全球化浪潮逐渐兴起,使国际贸易和国际投资受到不同程度的影响,中国的对外贸易和外资流入也受到不同程度的影响。特别是 2017 年特朗普政府上台后,保守主义开始在美国国内占据主要地位,中美之间的贸易摩擦加剧。所有这些,均使上海服务业在吸引外资方面遇到一定的困难。

---

① 李朝明.城市品牌建设思路探讨[J].商业时代,2006(9):44-45.

在此背景下,为了有效地吸引外资进入,上海应努力提升城市经济管理水平,进一步树立良好的城市形象。具体而言,今后上海应出台更加规范和宽松的服务业发展政策,改变国内、国外商业资本分别对待的传统做法,给予其统一的国民待遇,降低市场准入门槛,继续吸引外资进入上海服务业领域。

(二) 建设花园式园区

城市的人文环境和生态环境是城市魅力的基础,也是城市形象的重要组成部分。在过去的城市建设过程中,人们往往更多关注基础设施建设,注重"七通一平""九通一平"等物化的观念,忽视了对人文环境和生态环境的建设。今后,上海应突破传统观念,对各级各类开发区、产业区加强人文化、园林化和生态化建设,提高产业投资者对产业区的亲和力。其基本政策要义主要有:

1. 重视产业区文化建设,提高投资者的归属感

对于外商而言,可以通过突出特色,赋予产业区一定的文化韵味,通过投资者和员工对产业区的认同感和归属感,增强他们长期投资的意愿,并通过这些人的宣传感召其他企业家和员工,为服务业的发展夯实根基。对于内资而言,要实施与外资同等的待遇,对其子女教育、社会保障、政治权利等各方面给予上海市民同等的待遇,使他们投资上海、安于上海、融入上海,而不是仅仅逐利于上海。

2. 重视文化环境和生态环境的统一,激发投资者的投资欲

文化和生态建设的统一是虚与实、灵与肉的结合,在其下诞

生的产业环境可以给来沪的投资者一份惊喜、一份热情的召唤和一种欲罢不能的激情,从而使上海获得持久的魅力。

3. 以花园城市建设的理念建设上海服务业带

一方面,应加强公园、绿地系统的建设,提高上海的生态功能;另一方面,加强建设苏州河"生态旅游服务带"、延安路—人民广场—世纪大道现代服务产业带、沿海港口物流产业带等,树立可持续发展的新的产业形象。

(三) 实施零距离工程

这里的零距离包括地理零距离、时间零距离、经济零距离、管理零距离、心理零距离和文化零距离等多个方面。通过实施零距离工程,可以全方位催发上海对外来发展因素的凝聚力,优化外来服务企业在上海的发展环境。其基本政策要义包括:

① 通过信息化建设,提高上海信息港的"吞吐量"和"作业速度",缩短与各国的地理距离和时间距离。

② 提高服务业的发展速度和经济规模,提升经济总量和运行质量,尽快步入国际大都市行列,消除上海与国际大都市的经济距离。

③ 通过与国际接轨的现代企业制度的建立和服务业规制化建设,融合西方管理技术,减少管理的过度地方化,增强全球化,降低服务型外资"水土不服"的风险,以吸引外资、留住外资、本地化外资和根植化外资,消除管理距离。

④ 强化政府与主要企业负责人定期的座谈、对话机制,统一

分歧，求同存异，共同解决经营难题，谋划未来的发展，树立服务类企业与城市共生共荣的观念，全面实现官商沟通零距离。

⑤ 要造就海纳百川、百花齐放的具有上海特色的"世界城市文化"，形成东西合璧的文化氛围，努力减少、消除东西方文明的冲突，实现文化零距离。广泛开展文化艺术交流，加强会展经济，继续申办各种全球赛事和国际会议，使中西文化在频繁的碰撞下相互适应、接轨。

（四）通过八项转型，继续提高政府服务效率

服务效率反映了政府的整体功能水平。服务效率高，表明政府的各项职能运转顺畅，可以降低企业各项业务审批的时间成本，进而增加企业进入的吸引力；反之亦然。今后上海要积极吸纳新技术装备政府，创新政府角色，继续提高政府的服务效率，进而提升城市的品牌效应。

具体而言，上海应做好以下八项转型：

① 由人员型政府转变为电子型政府和智能型政府；

② 由管理经济型政府转变为公共服务型政府和第三者政府；

③ 由经营企业型政府转变为经营城市型政府；

④ 由内向型政府转变为国际型政府；

⑤ 由层层行政审批型政府转变为顾客满意型政府；

⑥ 由高成本型政府转变为低成本型政府；

⑦ 由城市型政府转变为城市治理型政府；

⑧ 由行政组织型政府转变为核心、竞争、学习型、创新型政府。

六、推动以上海为核心的垂直分工体系建设

(一) 以上海为核心的垂直分工体系的基本模式

垂直分工可以使产业在更大的范围合理地配置资源,强化区域间的竞争与合作,可以使服务业借智、借力形成规模、提高层级,形成产业优势的梯度布局,增加市场广度和深度。以上海为核心的垂直分工体系的基本模式选择大体如下:

① 中心—外围的"中心高层次生产者服务+外围制造模式",使上海的高层次服务业与外围强大的制造业相辅相成。

② "大脑+手脚"模式,使上海的研发、设计与外围的加工制造相辅相成。

③ "中心高级服务+服务批发、服务生产和服务集组"的服务业"批租"模式,通过外围地区对上海服务的"批租",使上海高层次的服务业与外围低层次的服务业相辅相成。

(二) 建设以上海为核心的垂直分工体系的措施

综合上海的经济优势和地缘优势,建设以上海为核心的垂直分工体系的若干具体措施如下:

① 按照价值链的原则,通过投资贸易,形成核心资本、技术、高端人才与外围资源的有机结合,促进分工体系的形成。

② 加速上海某些优势服务企业的集团化过程,提升能级,使其形成跨地域扩张的态势,促进垂直分工。

③ 在未来发展中,本着互惠互利的原则加强联系,加快长三角地区一体化和都市圈建设的步伐,破除地区封锁和垄断,促进江浙沪的竞争与合作,为服务业垂直分工体系的建设奠定基础。

④ 实施"大上海"战略,先通过长三角整体优势服务业的融合和层级提升,将以上海为核心的垂直分工"策动源"扩展为长江三角洲地区,然后大力推进"大上海"全国范围内的垂直分工,再在某些服务业领域适度推进全球范围内的垂直分工。

(5) 提升文化产业的地位、规模和优势。文化产业具有渗透性、黏着性和易于形成高位势的特征,不仅本身易于形成垂直分工体系,还具有促进其他产业形成垂直分工的功能。因此,加快上海文化产业建设,提高其在新一轮产业经济发展中的贡献率,是去除上海发展"瓶颈"、增强垂直分工的必要措施。

七、培育大型服务型跨国公司,拓展大都市网络

(一) 努力培育大型服务型跨国公司

大型服务型跨国公司不仅拥有众多资源,而且具有动用全球资源的能力,是推动服务业发展的重要动力。今后,上海现代服务业发展应当通过从国际层面上集聚相关资源,实现战略性跨越。当前上海在这方面已有成功的先例。例如,锦江国际集团从2004年起先后与英国BTI、日本JTB、美国YRC、德国德尔、瑞士理诺士等世界顶级旅游、物流和酒店投资、酒店管理等企业结成

战略联盟。借助这些国际伙伴所拥有的资金、技术和品牌,以及它们手中握有的包括世界500强在内的重要客户资源,锦江国际集团2005年在世界酒店集团排名中从亚洲排名第4位跻身到第1位,成为"'头脑在上海、资本在国际、品牌在世界'的现代服务业集成商"。[1]

由此可见,上海大力发展服务型跨国公司,以此推动服务业快速发展,势在必行。

(二)积极拓展大都市网络

在经济全球化的背景下,城市间相互作用的动力因素发生了深刻的变化。前工业化时期主要由人口迁移流动与物品交换驱动,城市间的相互作用较弱。工业化时代主要由交通、资金、人才等因素驱动,城市化进程加速发展,城市间的相互作用不断加强,全球范围内区域城镇网络逐步形成。后工业社会主要由资本和信息驱动,大都市之间因全球化的资本信息网络的存在而紧密地联结为一个有机整体。大都市正是依托这些网络,生发出高层次的现代服务业。

首先,大都市国际通信网络发达,航空网、铁路网在这里交织、汇聚,进一步增强其电子数据的采集和传输能力,进而奠定了大都市国际比较优势的基础,成为跨国公司总部、离岸银行的集聚中心和国际政治机构等国际服务职能载体的集聚之地,从供需两方面刺激了服务业发展。

---

[1] 陈惟.十一五亮点聚焦:现代服务业[N].文汇报,2005-12-20.

其次，复合网络与服务业发展提升了城市等级，强化了集聚扩散效应，进一步促使复合网络与服务业形成耦合与自我加强机制。这些网络的密度、国际化程度、分布、连接对象和管理水平等决定了大都市及其 CBD 的职能类型和功能强度，决定了服务生产力的空间布局、行业结构及大都市能级。

因此，围绕 CBD 建设，不断完善服务网络，推动大都市服务业能级提升、结构与布局优化，十分重要。

八、优化服务环境，丰富服务种类和内容，提高服务质量

（一）进一步加快重大服务业改革进程，优化服务环境

良好的服务环境和外资参与是大都市服务业发展的重要条件。根据我国加入 WTO 的承诺，我国会制定放宽服务业市场准入的政策，并在条件成熟后予以立法。因此，上海积极推进放宽市场准入、引进竞争机制、活跃与规范服务市场等重大服务业改革进程，不仅必要，而且可行。在此过程中，可采取如下相应措施：

① 适当调整服务业的招商引资战略和方向，分行业制定承接服务业国际转移的策略，充分利用各种渠道承接服务业的国际转移。

② 解除对外资的不合理限制，鼓励境外投资者投资上海服务业，允许跨国公司参与服务企业的重组。

③ 加大整治服务市场经济秩序的力度,加强服务市场的动态监管,尤其对服务价格进行有效的宏观管理,保障消费者权益。

(二) 丰富服务种类和内容,提高服务质量

发展新的服务种类和品种,增加新的服务门类和业务,改善服务业的内部结构,丰富产业门类,是加快上海服务业发展的重点内容。今后,上海应在运用相关高新技术和信息技术改造和装备服务业的同时,迎合服务业研发投入迅速增长的基本态势,加大科技投入,利用科技进步,提高服务业的知识、技术含量与发展水平,从而促进新型服务业业态和组织形式的形成。

上海丰富服务种类和内容的具体措施主要包括:引进、开发商业化的税务服务、信用调查分析服务、民意测验服务、安全调查服务等社会急需的服务业部门;扩大金融保险、文化娱乐、法律、技术服务、现代物流、会展等服务;按照服务产业链原理,发展汽车服务(中介、维修、保养、租赁、信贷、保险、展示、广告)、工程装备配套服务(工程技术、设备安装、工程承包、装备维修等)、工业信息服务(数字通信、电子服务、自动控制软件开发、系统集成等)等专业服务。

在日益激烈的竞争中,提高服务质量,对于快速发展服务业至关重要。为此,上海应当针对服务的无形化特点,努力增加服务的实体性线索,强化消费者对服务的认知与认同;重视诚信,向消费者提供有吸引力的服务承诺,降低消费者的风险和不确定

性,刺激需求,锁定客户群体;促进服务的品牌化、精益化和连锁化,降低服务成本,扩大服务规模。

九、加强与跨国公司的战略合作

CBD是大都市服务业发展的"灵魂和心脏"。大都市CBD的规模、功能、等级和发展态势,显示了大都市在全球城市网络中的等级与职能,决定了其服务业的发展水平和发展速度;而CBD的规模、功能、等级和发展态势需要全球区位支撑,从跨国公司的云集数量及变化、跨国公司的规模等级及变化以及跨国公司在大都市的功能布局及变化等表现出来。因此,要推动大都市服务业发展,加强与跨国公司的战略合作,不断提升大都市空间坐落的全球区位优势十分重要。

具体而言,要着力在以下方面获得突破:

1. 推行"软实力"吸引战略

所谓"软实力",是指文化资源实力和文化生产力。强大的软实力能够激活历史文化积淀,化腐朽为新奇;能够融合异域文化,有效地经营时尚,导引时代潮流。城市的软实力水平直接通过生活环境、发展环境和创新环境显示出来。其基本要点是:大力发展国际交流,打造世界文化都市品牌;建造一批高品位的国际社区,为跨国公司的外方人员提供安居乐业之所;建设国际时尚中心,显示世界文化生产力和引力,缓解本土文化与西方文化的冲突;完善文化生产机制,推进文化产业化。

2. 突出合作重点

上海市与跨国公司的战略合作可以有多种多样的模式,践行于产业链或价值链的不同环节。今后上海应当以以下几个层面为重点,发展战略合作,驱动 CBD 建设和服务业发展:

① 加强人力资源开发领域的战略合作;

② 注重资本运作与市场整合领域的战略合作;

③ 拓展各种形式的企业战略联盟;

④ 强化总部经济与研发领域的战略合作;

⑤ 强化支柱服务业的合作,注重主导服务业的战略合作,兼顾辅助服务业的合作,增强服务业实力与国际竞争力。

3. 优化合作结构

调整和优化跨国公司合作伙伴群,可以使服务业嵌入更高层次的国际产业链和价值链,进而使服务业实现跳跃式发展。今后,上海应通过提高政府效率,降低或控制商务成本,增加外商投资的规制化管理,保持外资政策的连续性和稳定性,降低风险成本,吸引跨国公司来沪投资,提升上海与跨国公司的战略合作层次。同时,继续推进合作项目大型化、高技术化,强化资本的运营能力,推动产业链和价值链的高端战略合作,尤其要着力促进总部经济、研发、采购和营销等环节的战略合作,促进合作结构优化。

小　　结

从21世纪建设世界级城市的定位分析,上海必须建立新型的产业体系,以促进产业竞争力总体水平的提升。服务业发展应当根据市情,遵循群—带原则、CBD系统功能强化与完善原则,借助跨国公司与世界城市的网络,以金融、物流、商贸、信息、旅游、文化、科学研究七大产业为支柱,构筑"四带五群"的空间格局。应采取多项战略措施,促进服务业的快速发展。这些战略措施主要包括:

① 层次定位,非均衡发展。

② 重视高级要素再造和要素结构高级化,推动服务业快速增长。

③ 加强服务经济的法制化建设,大力发展民营服务业。

④ 构筑服务业与制造业的融合与互动机制。

⑤ 提升城市整体形象,创建国际服务品牌。

⑥ 加快服务业分工体系的构建。

⑦ 培育服务型跨国公司,拓展大都市网络。

⑧ 优化服务环境,提高服务质量,丰富服务种类和内容。

⑨ 加强与跨国公司的战略合作,推动CBD建设。

参 考 文 献

[1] 艾伯特·赫希曼著,曹征海、潘照东译.经济发展战略[M].北京:经济科学出版社,1991.

[2] A. Losch著,王守礼译.经济空间秩序[M].北京:商务印书馆,1995.

[3] 保罗·贝尔琴、戴维·艾萨克、吉恩·陈著,刘书瀚、孙钰译.全球视角中的城市经济学[M].长春:吉林人民出版社,2003.

[4] 蔡来兴.国际经济中心城市的崛起[M].上海:上海人民出版社,1995.

[5] 蔡孝箴.城市经济学[M].天津:南开大学出版社,1998.

[6] 陈达.伦敦金融城2006年目标:跟上中国发展速度[N].第一财经日报,2005-12-5.

[7] 陈欢.上海19区县功能定位推迟定案[N].21世纪经济报道,2006-1-9.

[8] 陈军,林瑜璟.美国服务业发展开放的现状与经验启示[J].黑龙江社会科学,2019(3):70-76.

[9] 陈宪,程大中.上海服务业发展的比较分析[J].社会科学,2003(9):20-29.

[10] 陈殷.生产性服务业区位论模式及影响机制研究[J].上海经济研

究,2004(7):52-57.

[11] 陈英.特大城市CBD系统的理论与实践[D].华东师大博士学位论文,2002.

[12] 陈志洪.纽约产业结构变动及对上海的启示[J].上海经济研究,2003(10):49-57.

[13] 程大中,陈福炯.中国服务业相对密集度及对其劳动生产率的影响[J].管理世界,2005(2):77-84.

[14] 程大中,黄雯.中国服务业的区位分布与地区的专业化[J].财贸经济,2005(7):73-81.

[15] 程大中.服务业的增长与技术进步[J].世界经济,2003(7):35-42.

[16] 程大中.中国服务需求弹性估计:基于Baurmol模型的分析[J].经济评论,2004(2):28-39.

[17] 大卫·李嘉图.政治经济学及赋税原理[M].北京:商务印书馆,1962.

[18] 崔功豪.区域分析与规划[M].北京:高等教育出版社,2002.

[19] 杜德斌.跨国公司R&D全球化区位模式研究[M].上海:复旦大学出版社,2001.

[20] 范纯增.大都市产业竞争力研究[M].上海:上海教育出版社,2005.

[21] 范剑勇.产业集聚与地区间劳动生产率差异[J].经济研究,2006(11):72-81.

[22] 冯邦彦.香港产业结构研究[M].北京:经济管理出版社,2002.

[23] 冯健.转型期中国城市内部空间重构[M].北京:科学出版社,2004.

［24］高汝熹.知识密集型服务业——大都市第一支柱产业[M].上海：上海交通大学出版社,2004.

［25］国家统计局.中国统计年鉴[M].北京：中国统计出版社,2003.

［26］哈罗德著,黄范章译.动态经济学导论[M].北京：商务印书馆,1982.

［27］赫伯特·G.格鲁柏,迈克尔·A.沃克.服务业的增长原因与影响因素[M].上海：上海三联书店,1993.

［28］何炼成,郑江绥.三次产业的划分与第三产业的质与量分析[J].西北大学学报(哲学社会科学版),2003(2)：5-7.

［29］何谦.7 600万三产就业那里去了？[N].经济观察报,2006-1-2.

［30］胡霞.中国城市服务业空间集聚变动趋势研究[J].财贸经济,2008(6)：103-107.

［31］黄繁华.全球化与现代服务业[M].南京：南京出版社,2002.

［32］黄建富.世界城市的形成与城市群支撑[J].世界经济研究,2003(7)：17-21.

［33］黄少军.服务业与经济增长[M].北京：经济科学出版社,2000.

［34］黄桐城等.城市土地经济学[M].上海：上海交通大学出版社,1998.

［35］黄维兵.现代服务经济理论与经济增长[M].成都：西南财经大学出版社,1999.

［36］黄运成,上海建设国际金融中心的基础条件与主要差距[J].上海经济研究,2003,9：49-55.

［37］吉昱华,蔡跃洲,杨克泉.中国城市集聚效益实证分析[J].管理世界,2004(3)：67-74.

［38］蒋三庚.北京市商业中心的空间结构研究[J].城市规划,2001

(10): 63-66.

[39] 蒋三庚.关于北京中央商务区的发展思路研究[J].首都经济贸易大学学报,2001(2):60-63.

[40] 蒋三庚.现代服务业研究[M].北京:中国经济出版社,2007.

[41] 江小涓,李辉.服务业与中国经济:相关性、结构转换和加快增长的潜力[M].北京:中国社会科学出版社,2004:1-27.

[42] 金碚.竞争力经济学[M].广州:广东经济出版社,2003.

[43] 井原哲夫.服务经济学[M].北京:中国展望出版社,1986.

[44] 李安方.跨国公司R&D全球化——理论效应与中国对策研究[M].北京:人民出版社,2004.

[45] 李贺军.中国经济增长方式选择[M].北京:社会科学文献出版社,1999.

[46] 李健.商务成本对区域经济发展的影响[D].华东师范大学硕士学位论文,2004.

[47] 黎洁.国际旅游竞争力[J].商业经济与管理,1999(4):63-68.

[48] 李明善.外国经济学家辞典[M].深圳:深圳海天出版社,1993.

[49] 李文秀,谭力文.服务业集聚的二维评价模型及实证研究——以美国服务业为例[J].中国工业经济,2008(4):55-63.

[50] 李小建.经济地理学[M].北京:高等教育出版社,2002.

[51] 李晓钟.从比较优势到竞争优势[M].杭州:浙江大学出版社,2004.

[52] 李振泉.试论长春市商业地域结构[J].地理科学,1989(2):133-141.

[53] 林江.引入外资对中国保险业组织影响的实证分析——以上海为例[J].财贸经济,2004(8):30-36.

[54] 刘荣增.跨国公司与世界城市等级判定[J].城市问题,2002(2):5-8.

[55] 刘再兴.区域经济学理论与方法[M].北京:中国物价出版社,1996.

[56] 路红艳.基于产业视角的生产性服务业发展模式研究[J].财贸经济,2008(6):108-112.

[57] 鲁志永.中国银行竞争力与实证研究[J].改革,2002(3):61-67.

[58] 戴维·罗默著,苏剑译.高级宏观经济学[M].北京:商务印书馆,2010.

[59] 麦挺.上海建成国际金融中心的四大难题[J].上海经济研究,2004(5):35-38.

[60] 孟方琳等.全球价值链视角下我国生产性服务贸易国际竞争力提升路径研究[J].管理现代化,2019(6):20-26.

[61] 宁越敏.上海市区商业区位探讨[J].地理学报,1984(4):163-172.

[62] 潘英丽.中国国际金融中心的崛起:沪港的定位与分工[J].世界经济,2003(8):15-21.

[63] 全伟.上海港的国际竞争力状况分析[J].港口经济,2003(1):37-38.

[64] 饶友玲.国际服务贸易:理论、产业特征与贸易政策[M].北京:对外经济贸易大学出版社,2005.

[65] Routledge著,李东红译.企业万能:面向企业能力的理论[M].大连:东北财经大学出版社,1998.

[66] 上海市经济委员会,上海市科学技术情报研究所.2005—2006世界服务业重点行业发展动态[M].上海:上海市科学技术文献出版

社,2005.

[67] 上海统计局.上海统计年鉴[M].北京：中国统计年鉴,2004—2020.

[68] 苏东水.产业经济学[M].北京：高等教育出版社,2002.

[69] 汤建中.上海CBD的演化和职能调整[J].城市规划,1995(3)：35-38.

[70] 汤胜.与中国的进步同行——世界500强企业在华投资及经营状况分析[N].南方周末,2005-12-8.

[71] 西蒙·库兹涅茨.现代经济增长[M].北京：北京经济学院出版社,1989.

[72] 谢文蕙.城市经济学[M].北京：清华大学出版社,1996.

[73] 熊丽.服务业对增长的贡献率稳步提升[N].经济日报,2019-5-18.

[74] 徐宏毅.服务服务生产率与服务经济增长[D].华中科技大学博士学位论文,2004.

[75] 徐康宁.文明与繁荣——中外城市经济发展环境比较研究[M].南京：东南大学出版社,2003.

[76] 许宪春.中国服务业核算及其存在问题研究[J].经济研究,2004(3)：20-27.

[77] 许宪春.中国国内生产总值核算中存在的若干问题研究[J]经济研究,2000(2)：20-27.

[78] 许学强.城市地理学[M].北京：高等教育出版社,1996.

[79] 许学强.广州市大型零售商店布局分析[J].城市规划,2002(7)：23-28.

[80] 许宗卿.论城市商业活动空间结构研究的几个问题[J].经济地

理,2000(1):115-120.

[81] 万绪才.区域旅游业国际竞争力定量评价理论与实践[J].经济地理,2001(3):355-358.

[82] 王朝阳,何德旭.英国金融服务业的集群式发展:经验及启示[J].世界经济,2008(3):89-95.

[83] 王方华.世博会与上海经济[M].上海:上海交通大学出版社,2004.

[84] 王国荣.跨世纪的上海都市文化形象[M].上海:上海社会科学院出版社,1998.

[85] 王帅,吴传琦.生产性服务业集聚与城市经济增长关系研究——基于35个大中城市的实证分析[J].技术经济与管理研究,2019(12):125-130.

[86] 王小平.一个理论及对服务贸易与零售业的研究[M].北京:经济管理出版社,2003.

[87] 汪宇明.在区域一体化中受益——提升上海旅游竞争力的战略思考[J].人文地理,2002,17(3):31-33.

[88] 魏江.知识密集型服务业与创新[M].北京:科学出版社,2004.

[89] 维克托·R.富克斯.服务经济学[M].北京:商务印书馆,1987.

[90] W. Christaller 著,常正文、王兴中等译.德国南部中心地原理[M].北京:商务印书馆,1991.

[91] 伍贻康.世纪洪流:千年回合与全球化走向[M].上海:上海社会科学出版社,2001.

[92] 吴郁文.广州市城区零售商业企业区位布局的探讨[J].地理科学,1988(3):208-217.

[93] 亚当·斯密.国民财富的性质和原因的研究[M].北京:商务印

书馆,1972.

[94] 严重敏,宁越敏.略论上海市中心商务区的改造与发展[J].城市问题,1994(2):21-25.

[95] 阎小培等.广州CBD的功能特征与空间结构[J].地理学报,2000(4):475-485.

[96] 阎小培.广州信息密集服务业的空间发展及其对城市地域结构的影响[J].地理科学,1999(5):405-410.

[97] 杨楠.57家跨国公司地区总部扎堆浦东[N].第一财经日报,2005-9-7.

[98] 杨吾扬.高等经济地理学[M].北京:北京大学出版社,1997.

[99] 杨吾扬.区位论原理——产业、城市和区域的区位经济分析[M].兰州:甘肃人民出版社,1989.

[100] 姚为群.全球城市的经济成因[M].上海:上海人民出版社,2003.

[101] 尹伯成.西方经济学说史[M].上海:复旦大学出版社,2005.

[102] 尹继佐.2002年上海文化发展蓝皮书:文化创新与城市发展[M].上海:上海社会科学院出版社,2002.

[103] 于洪俊,宁越敏.城市地理概论[M].合肥:安徽科学技术出版社,1983.

[104] 俞梅珍.服务业与当代国际竞争[M].北京:中国物资出版社,2002.

[105] 袁立波.中日韩区域服务贸易自由化研究[M].北京:社会科学文献出版社,2013.

[106] 岳希明,张曙光.我国服务业增值的核算问题[J].经济研究,2002(12):51-59.

[107] 曾国宁.生产性服务业集群：现象、机理和模式[J].经济学动态,2006(12):59-66.

[108] 曾艳.需求结构与服务业增长的关系研究[J].产业经济研究,2009(1):77-78.

[109] 张蕴如.中国服务业开放度与竞争力[J].国际经济合作,2002(4):34-37.

[110] 赵民.城市发展与规划的经济学原理[M].北京：高等教育出版社,2001.

[111] 郑吉昌.生产性服务业的发展与分工的深化[J].管理评论,2005(5):30-32.

[112] 郑吉昌.浙江服务贸易国际竞争力与政策措施研究[J].商业经济与管理研究,2004(5):37-40.

[113] 郑琴琴.服务业跨国公司扩张理论及应用研究[D].复旦大学博士学位论文,2004.

[114] 周振华.世界城市——国际经验与上海的发展[M].上海：上海社会科学院出版社,2004.

[115] 诸大建等.上海现代服务业发展战略[M].上海：上海财经大学出版社,2004.

[116] A. B. Jaffe. Technological Opportunity and Spilloveres of R & D: Evidence from Firms' Patents, Profits and Market Value[J]. *American Economic Review*, 1986, 76(5): 984-1001.

[117] A. G. B. Fisher. The Clash of Progress and Security[M]. London: Macmillan, 1935.

[118] Allen J. Scott. The Culture Economy of Paris[J]. *International Journal of Urban and Regional Research*, 2000, 24(3): 567-582.

[119] Anton Meyer, Richard Chase, Aleda Roth, Chres Voss, Klaus-Ulrich Sperl, Larry Menor, Kate Blackmon. Service Competitiveness: An International Benchmarking Comparison of Service Practice and Performance in Germany, UK and USA[J]. *International Journal of Service Industry Management*, 1999, 10(4): 369-379.

[120] A. P. Thirlwall. *Growth and Development* [M]. London: Macmillan Publishers Ltd., 1999.

[121] Arthur O'Sulliv. *An Urban Economics* [M]. New York: McGraw-Hill Companies, Inc., 2000.

[122] C. Harris, Ullman E. The Nature of Cities[J]. *Annals of the American Academy of Political Science*, 1945(242): 7-17.

[123] C. K. Prahalad, G. Hamel. The Core Competence of the corporation[J]. *Harvard Business Review*, 1990(68): 79-91.

[124] Colin Clark. The Conditions of Economic Progress[M]. London: Macmillan and Co. Ltd, 1957.

[125] Christopher H. Lovelock. Classifying Services to Gain Strategic Marketing Insights[J]. *Journal of Marketing*, 1979, 47(3): 168-178.

[126] David Glandstone, Susan S. Fainstein. Tourism in Global Cities: A Comparison of New York and Los Angeles[J]. *Journal of Urban Affairs*, 2001, 23(1): 23-40.

[127] D. J. O'hare. Location of Firms Within a Square Business District [J]. *Journal of Political Economy*, 1977, 85: 1189-1207.

[128] D. J. Teece, G. Pisano, A. Shuen. Dynamic Capabilities and Strategic Management[J]. *Strategy Management Journal*, 1997, 18(7): 509-533.

[129] D. M. W. N. Hitchens, P. N. O'Farell. The Competitiveness of Business Services in the Republic of Ireland, Northern Ireland, Wales[J]. *Environment & Planning*, 1996, 28(7): 1299-1313.

[130] Dominique Guellec, Bruno van Pottelsberghe. The Internationalization of Technology Analysed with Patent Data[J]. *Research Policy*, 2001, 30: 1253-1266.

[131] Donghui Li. The Determinents of Intra-industry Trade in Insurance Service[J]. *The Journal of Risk, and Insurance*, 2003, 70(2): 269-278.

[132] D. Riddle. Service-led Growth: The Role of the Service Sector in World Development[M]. New York: Praeger Publishers, 1986.

[133] E. Penrose. *The Theory of the Growth of the Firm* [M]. Landon: Basil Blackwell, 1959.

[134] E. S. Savas. Competition and Choice in New York City Social Services, [J]. *Public Administration Review*, 2002, 62(1): 82-91.

[135] E. W. Burgess. The Growth of the City[M]. Chicago: The Chicago Press, 1925.

[136] F. E. Hamilton. Spatial Perspective on Industrial Organization and Division Making[M]. London: Wiley, 1975.

[137] Gary Hamel. Strategy as Revolution[J]. *Harward Business Review*, 1996, July-August: 69-82.

[138] Gary K. Jones, Herbert J. Davis. National Culture and Innovation: Implications for Local Globle R&D Operations[J]. *Management International Review*, 2000, 40(1): 11-39.

[139] G. T. Allison. Conceptual Models and the Cuban Missile Crisis

[J]. *American Political Science Review*, 1969(63): 689-718.

[140] Hal R. Varian. Macroeconomic Analysis[M]. New York: W. W. Norton & Company, Inc., 1997.

[141] H. Holyt. The Structure and Growth of Residential Neighborhoods in American Cities[M]. Washington DC: Federal Housing Administration, 1939.

[142] Isidore Cyril Cannon. Higher Education in Hong Kong[J]. *Higher Education*, 1997, 51(4): 308-324.

[143] Jagdish N. Bhagwat. Splintering and Disembodiment of Services and Developing Nations[J]. *The World Economy*, 1984, 7(2): 133-144.

[144] J. Cantwell, Hodson. Global R&D and Competitiveness[J]. *R&D Management*, 1992, 22(2): 103-196.

[145] J. Friedmann. The World City Hypothesis[J]. *Development and Change*, 1986, 17(1): 69-83.

[146] J. Fridman. World City Formation: an Agenda for Reach & Action[J]. *International Journal of Urban and Regional Research*, 1982, 6(3): 309-344.

[147] J. H. Dunning, G. Norman. The Location of Offices of International Companies Choices[J]. *Environment and Planning* A, 1987, 19(5): 613-631.

[148] J. H. Dunning, G. Norman. The Theory of The Multinational Enterprise: An Application to Multinational Office Location[J]. *Environment and Planning* A, 1983, 15(5): 675-692.

[149] J. L. Heskett, T. O. Jones, G. W. Loveman, W. E. Sasser, Jr., and L. A. Schlesinger. Putting the Service-Profit Chain to Work[J].

Harward Business Review, 1994, March-April: 164-174.

[150] J. M. Levy. Urban and Metropolitan Economics[M]. New York: McGraw-Hill,1985.

[151] Joachim Singelmann. From Agriculture to Services: The Transformation of Industrial Employment [M]. Thousand Oaks: Sage Publications, Inc., 1978.

[152] John Cantwell Multinational Enterprises and Competence-Creating Knowledge: Flows. A Theoretical Analysis[C]. Paper Prepared for the LINK Conference,Copenhagen,September, 2001.

[153] J. R. Bryson, P. W. Daniels. Service Industries in the Global Economy[M]. Cheltenham: Edward Elgar publishing ltd, 1998.

[154] J. Tirole.The Theory of Industrial Organization[M]. Cambridge: The MIT Press,1988.

[155] K. Douglas Hoffman, E. G. John. Beteson. Essentials of Services Marketing: Concepts Strategies & Cases[M]. Boston: Harcourt College Publishers, 2007.

[156] L. Hakanson, R. Nobel. Determnints of Foreign R&D in Swedish Multinationals[J]. *Research Policy*, 1993, 22(5-6): 397-411.

[157] Luis Rubalcaba, David Gago. Relationship between Services and Competitiveness: The Case of Spanish Trade[J]. Service Industries Journal, 2001, 21(1): 35-62.

[158] M. A. Katouzian. The Development of the Service Sector: A New Approach[J]. *Oxford Economic Papers*, 1970 (22): 362-382.

[159] Malcolm Gillis, H. Dwight. Perkins, Michael Romer, Donald R. Snodgrass. Economics of Development[M]. New York: W. W. Norton &

Company, Inc., 1996.

[160] Mario C. Zejan. R & D Activities in Affiliates of Swedish Multinational Enterprise[J]. *Scandinavian Journal of Economics*, 1990, 92(3): 487-500.

[161] Maximilian von Zedtwitz, Oliver Gassmann. Market Versus Technology Drive in R&D Internationalization: Four Different Patterns of Managing Research and Development[J]. *Research Policy*, 2002(31): 569-588.

[162] Michael A. Mann, Lauren Brokenbaugh. U. S. International Services: Cross Broarder Trade and Sales through Affiliates in 1998, Survey of Current Business[J], 2000, 84(17): 25-76.

[163] Michael Blaine. Trade, FDI, and the Dollar: Explaining the U.S. Trade Deficit[J]. *MIT Sloan Management Review*, 1966, 38(1): 81-101.

[164] M. J. Taylor, N. Thrift. Large Corporations and Concentrations of Capital in Australia: A Geographical Analysis[J]. *Economic Geography*, 1980,(56)4: 261-180.

[165] M. Porter. Towards A Dynamic Theory of Strategy[J]. *Strategic Management Journal*, 1991(12): 95-117.

[166] M. Porter. What Is Strategy[J]. *Harvard Business Review*, 1996(74): 61-78.

[167] M. Porter. Competitive Advantage [M]. New York: Free Press, 1985.

[168] M. Porter. Competitive Advantage of Nations[M]. New York: Free Press, 1990.

[169] M. Porter. Competitive Strategy: Techniques for Analyzing

Industries and Competition[M]. New York: Free Press, 1980.

[170] M. Zagier. Producer Services, Innovation, and Outsourcing in the New Economy[M]. Firenze: Mimeo Firenze, 2000.

[171] Neil Martin Coe, Alan Townsend. Debunking the Myth of Localized Agglomerations: the Development of a Regionalized Service Economy in South-East England[J], *Transactions of the Institute of British Geographers*, 1998, 23(3): 385-404.

[172] Nicolas Taylor. Competition on the London Stock Exchange[J]. *European Financial Management*, 2002, 8(4): 399-419.

[173] O. L. Hakansan, S. Sjakander. Technology Management and International Business: Internationalization of R&D and Technology[M]. Chichester: John Wiley, 1992.

[174] Oliver Jean Blanchard, Stanley Fisher. Lectures on Macroeconomics[M]. Cambridge: The MIT Press, 1989.

[175] Paul Windrum, Mark Tomlinson. Knowledge Intensive Services and International Competitiveness: A Four Country Comparison [J]. *Technology Analysis & Strategic Management*, 1999(3): 391-408.

[176] P. Daniel. Service Industries: Growth and Location [M]. Cambridge: Cambridge University Press, 1982.

[177] P. Dicken. Global Shift: The Internationalization of Economic Activity[M]. New York: Guilford Press, 1992.

[178] P. Dicken, P. Lloyd. Location in Space: Theoretical Perspectives in Economic Geography[M]. New York: Harper Collins, 1990.

[179] Peter J. Taylor. Regionality in the World City Network[J]. *International Social Science Journal*, 2004, 56(181): 361-372.

[180] P. Hall. *The World Cities*[M]. New York: McGraw Hill, 1966.

[181] Philip Hardwick, Wen Dou. The Competitiveness of EU Insurance Industries[J]. *Service Industries Journal*, 1998, 18(1): 39-53.

[182] P. M. Romer. Endogenous Technological Change[J]. *Journal of Political Economy*, 1990, 98(5), Part 2: 71-102.

[183] P. M. Romer. Growth Based on Increasing Returns Due to Specialization[J]. *American Economics Review*, 1987, 77(2): 56-62.

[184] P. M. Romer. Increasing Returns and Long-Run Growth[J]. *Journal of Political Economy*, 1986, 94(5): 1002-1037.

[185] P. W. Daniels. Service Industries in the Global Economy[J]. *Annals of* the Association of Economic Geographers, 1994, 40(3): 259-263.

[186] P. W. Daniels. Services Industries[M]. Cambridge: Cambridge University Press, 1985.

[187] R. D. Pearce. The Internationalization of R&D by Multinational Enterprises London[M]. London: Macmillan, 1989.

[188] R. E. Lucas. On the Mechanics of Economic Development[J]. *Journal of Monetary Economics*, 1988(22): 3-42.

[189] R. E. Murphy. Delimiting the CBD, A Comparative Study of Nine Center[J]. *Economic Geography*, 1954(30): 189-222.

[190] R. E. Murphy, J. E. Vance. A Comparative Study of Central Business Districts[J]. *Economic Geography*, 1954, 30(4): 301-336.

[191] R. F. Harrod. Towards a Dynamic Economics: Some Recent Developments of Economic Theory and Their Applications to Policy[M]. London: Macmillan, 1948.

[192] Robert. S. Pindyck, Daniel L. Rubinfeld. Microeconomics[M]. London: Prentice-Hall, Inc., 1998.

[193] Roman Boutellier, Oliver Gassmann, Maximilian von Zedtwitz. Managing Global Innovation: Uncovering the Secrets of Future Competitiveness[M]. Berlin: Springer-Verlag Berlin Heidelberg, 2000.

[194] Ronald L. Mitchelson, James O. Wheeler. The Flow of Information in a Global Economy: The Role of the American Urban System in 1990[J]. Annals of the Association of American Geographers, 1994,84(1): 87-107.

[195] R. P. Rumelt. How Much Does Industry Matter? [J]. *Strategic Management Journal*, 1991(12): 167-186.

[196] Rudiger Dornbush, Stanley Fisher, Richard Startz. Macroeconomics[M]. New York: McGraw-Hill Companies, Inc., 1998.

[197] R. Walker. Is There a Service Economy? The Changing Capitalist Division of Labor in Bryson[M]. Cheltenham: Edward Elgar publishing,1998.

[198] Simon Kuzncts. Economic Development and Cultural Change [M]. Chicago: University of Chicago Press, 1956.

[199] S. D. Brunn, J. O. Wheeler. The American Metropolitan System [M]. New York: Halstead, 1980.

[200] Sanjaya Lall. The International Allocation of Research Activity by US Multinationals, in John Cantwell. Foreign Direct Investment and Technological Change II [C]. Cheltenham: Edward Elgar Publishing Limited, 1999.

[201] S. Sassen. The Global Cities: London, New York, Tokyo[M].

Princeton: Princeton University Press, 1999.

[202] Stan Davis, Christopher Meyers. Blur: The Speed of Change in the Connected Economy[M]. New York: Wanner Books, 1999.

[203] Tony Frost, Changhui Zhou. The Geography of Foreign R&D within a Host Country[J]. *International Studies of Management and Organization*, 2000, 30(2): 10-43.

[204] T.P. Hill. On Goods and Services[J]. *Review of Income and Wealth*, 1977, 23(4): 315-338.

[205] UNCTAD. World Investment Report[R]. https://unctad.org/publications.

[206] United Nations. Department of Economic and Social Affair, Population Division. Urban Agglomerations[M]. New York: United Nations Publication, 2003.

[207] W. B. Beyers, D. Lindahal. Explaining and the Demand for Producer Services: Is Cost Driven Externalization the Major Factor? [J]. *Papers in Regional Science*, 1996, 75(3): 351-374.

[208] William J. Baumol. Macroeconomics of Unbalanced Growth: The Anatomy of Urban Crisis[J]. *American Economic Review*, 1967, 57(3): 415-426.

[209] Williamson, Comparative Economic Organizations: The Analysis of Discrete Structural Alternative[J]. *Administrative Science Quarterly*, 1991(36): 269-296.

[210] W. J. Coffey, R. Drolet, M. Polese. The Intra-Metropolitan Location of High Order Services: Pattern, Actors and Mobility in Montreal [J]. *The Journal of Regional Science Association International*, 1996

(75): 293-323.

[211] W. J. Coffey, R. G. Shearmur. Agglomeration and Dispersion of High-Order Service Employment in the Montreal Metropolitan Region, 1981-1996[J]. *Urban Studies*, 2002, 39(3): 359-378.

[212] W. J. Coffey. The Geographies of Producer Services[J]. *Urban Geography*, 2000, 21(2): 170-183.

[213] World Bank. World Development Indicators. https://databank.worldbank.org/source/world-development-indicators.

[214] W. M. Cohen. Empirical Studies of Innovative Activity, in Paul Stonenan. *Handbook of the Economics of Innovation and Technological Change*[C]. Oxford: Oxford Blackwell, 1995.